U0098228

思想觀念的帶動者

文化現象的觀察者

本土經驗的整理者

生命故事的關懷者

心靈工坊 PsyGarden

Holistic

探索身體，追求智性，呼喊靈性
攀向更高遠的意義與價值
是幸福，是恩典，更是內在心靈的基本需求
企求穿越回歸眞我的旅程

自殺與靈魂

超越死亡禁忌，促動心靈轉化

Suicide and the Soul

作者—詹姆斯・希爾曼（James Hillman）
譯者—魯宓

目錄

引薦者序

靈魂的朋友

王浩威（作家、心理治療師）

1

二〇一〇年的初秋，八月底或者更晚，台北依然是三十幾度的燠熱的夏天，我一個人搭著飛機，經歷了轉折數趟的漫長的旅程後，終於來到加拿大東岸魁北克的蒙特婁。

這個城市比想像中的還蕭颯。不曉得是入秋的氣候凍結了每一條街道，還是八月依然是歐美人習慣出城渡假的季節，蒙特婁每條我走過的主要道路，幾乎都是冷冷清清的安靜。

我一個人來到這個城市，是因為國際榮格學會每三年一次的大會在這裡舉辦。當時，台灣才剛正式被接受為發展小組，我是負責人，所以儘管旅程昂貴而疲憊，還是硬著頭皮來了，成為這一次大會唯一來自台灣的參與者。

不過，這樣的寂寥感很快就消失了。

大會是在位於蒙特羅的雪布魯克（Sherbrooke Rue）這條商業大街上的麗思卡爾頓大飯店舉辦的。我在開會前一天抵達這裡，住進這個確實豪華的大飯店。下榻沒多久，就遇到了許多老師和前輩。當然，最主要的是遇到我的老師湯瑪士・克許（Thomas Kirsch）和他的夫人珍（Jean），他們十分體貼地照顧我，貼心地把我介紹其他資深的榮格分析師認識，很快地，我就感覺融入其中了。

第二天在旅館一樓早餐時，也遇到了來自日本的樋口和彥教授。當時他應該是七十多歲了，也十分熟絡地主動走過來，問候是否一切好。樋口教授和梁信惠老師所領導的台灣沙遊治療學會關係相當密切，總共來台講學四次（二〇〇二、二〇〇四、二〇〇六和二〇一〇），台灣的沙遊治療學會甚至還尊他為台灣沙遊治療之父。他和河合隼雄教授是日本最早的兩位榮格分析師。二〇〇四年，他們兩位，還有稍年輕的山中康裕教授，三個人一起到台灣辦了一場相當盛大的榮格心理學與沙盤游戲治療的活動，讓台灣後來的榮格心理學發展又往前推進了一大步。

當天在蒙特婁的會場中場休息時，又遇見了永遠微笑的樋口教授。他當時正愉悅地與另一人聊天，看得出來兩個人十分熟稔。他看到我，立刻熱情地介紹我認識他身旁的這位長者：詹姆斯・希爾曼教授。

2

這其實我第二次遇到希爾曼——僅有的兩次中的第二次。但這次卻是唯一真正好好聊聊——不，近距離聽他們聊天——的一次。

第一次見到希爾曼，是更早一年，也就是二〇〇九年在洛杉磯安娜罕舉辦的「心理治療演化」（Evolution of Psychotherapy）大會上。

「心理治療演化」大會是傑弗瑞・薩德（Jeffery K. Zeig）創辦的。一九八〇年開始籌備時，原本是要為偉大的心理治療大師米爾頓・艾瑞克森（Milton Erickson）慶祝八十歲生日，但很不幸，艾瑞克森卻在開幕前幾天去世了。然而，心理治療界不同學派之間，卻因為這個以他為名的聚會而有了唯一一個可以坐下來對話的空間。而那一年，是第七屆了，參加的人也多達七、八千人，全都是心理治療師或相關的專業工作者。

在那一年的會議裡，有一場分場會議原本預計要讓三位大師針對關於自殺的議題做對話。但其中一位與談人缺席了。他是六〇年代反精神醫學運動中一位充滿爭議的象徵人物——湯瑪斯・薩斯（Thomas Szasz），薩斯自己同時也是精神醫學醫師。但他對精神醫學大聲抨擊，且向來積極支持自殺的權利。他所寫的《自殺的權利》（*Fatal Freedom: The Ethics and Politics of Suicide*）一書也曾在台灣出版。但可惜這次因為年老病重，而臨時不能到場。

那一天的講台上也就剩下兩位：榮格派的分析大師希爾曼，和佛洛伊德派的大師奧圖・肯柏格（Otto Kernberg）。

肯柏格是一九二八年生，小希爾曼兩歲。那一次會議之前三年，二〇〇六年，他結縭幾十年、本身也是傑出兒童精神分析師的妻子寶琳娜・肯柏格（Paulina Kernberg）去世了。肯柏格儘管本身是一位傑出的療癒大師，在自己的診療室必然也擅長和各式各樣的哀悼和傷慟進行搏鬥，然而，他自己卻也因為妻子的去世而墜入憂鬱世界那黝黑而永無止盡的幽谷了。

那一天的講台上，肯柏格當著數百位聽眾面前演講，數百位幾乎都是他的後進和崇拜者，他說著說著還是潸然淚下了。希爾曼也分享了自己曾經經歷的哀悼，他用他的真誠觸動在場所有人的情緒，也透過這樣的分享，不著痕跡地幫肯柏格做了一次治療。在一個半小時的對話裡，我敢說，擠滿了整個小廳的所有聽眾沒有一個不動容的。

3

希爾曼這位榮格分析師是在一九七〇年結束蘇黎世的工作回到美國，在出版榮格學派和身心靈書籍為主的春天出版社擔任負責人。

在那之前，年輕的他在完成外交訓練課程後，因為二次大戰入伍醫療隊伍而離開了自己出生的家庭以及在美國紐澤西經營旅館而致富的父母。戰爭結束，他留在歐洲，陸續在巴黎大學攻讀英文文學、在都柏林三一學院完成道德與心智有關的學位，然後再到瑞士蘇黎世接受榮格分析師的訓練，同時在一九五九年——榮格去世的前兩年——也完成了蘇黎世大學的博士學位。之後，他繼續留在這個城市負責榮格學院的課程，直到一九六九年。

榮格去世以後的蘇黎世究竟是怎樣的氛圍，我自己並沒有知道太多。然而關於大師如何面對自己理論的發展，榮格的態度是相當不同於佛洛伊德的。相對於佛洛伊德學派對正統的強調，榮格學派則可以說是完全開放的。

榮格在世的時候就曾表示：沒有所謂的榮格學派。關於這一點，他確實不像佛洛伊德。佛洛伊德在阿德勒、榮格等人不服膺他理論上的唯一性而陸續離開後，在瓊斯的建議下成立了六人禁衛軍，積極捍衛所謂的佛洛伊德學派，只有經過他批准的人才能自稱自己是精神分析師。就這樣，一個越來越嚴謹的佛洛伊德隊伍也就慢慢形成了。這樣的嚴謹，在某一角度來說也是好的，畢竟唯有如此才能成就精神分析現在的輝煌。

相對來說，榮格自己則是隨興許多。他自己理論的發展是隨著自己的興趣而流動的，也因此顯得十分的多樣化。他自己是自由的，他對自己追隨者的思維也採取充滿包容的自由態度。因為如此，在他去世以後，許多不同的理論很快地開展，而且沒出現過任何主流或正統的問題，更沒有像佛洛伊德派歷史上出現的許多爭鬥，譬如五〇年代克萊恩（Melanie Klein）與安娜・

佛洛伊德兩位女士在倫敦的大論戰，或是七〇年代開除法國拉崗及其追隨者的這一類事件。

在一九五三年二月底，希爾曼才抵達蘇黎世，榮格則和他的太太艾瑪剛剛慶祝了他們的金婚紀念日。這時候的榮格在美國的名氣如日中天，他的《追求靈魂的現代人》、《人及其象徵》都是排行榜的暢銷書。然而在優渥的家庭條件支持下，繼續留在歐洲或環遊世界的希爾曼並沒有太注意到榮格。他們原本到瑞士只是要去阿爾卑斯山滑雪渡假，順便探視瑞士的親戚。

希爾曼原本並沒有打算待太久，但他自己被這個問題困住了：「我想找個人詢問個人的問題，既是關於學習的，也是關於和我自己的神經症——我的心靈。」他自己在之前不久，與第一任太太凱特結婚以前，曾經精神崩潰過一次。因為這緣故，當朋友遞給他新成立的榮格分析中心資料的時候，他的世界立刻改變了。

4

希爾曼在山上知道榮格分析中心的存在後，立刻飛奔打火車到蘇黎世，在榮格的秘書雅菲（Aniela Jaffé）的建議下，去聽了一場演講，結果卻十分失望。他後來又去拜訪了幾個人，「天呀，這個地方全是老先生、老太太」。他覺得整個氛圍十分教人絕望，兩天後立刻搭火車離開。

當他和妻子抵達法蘭克福時，還在等太太去看皮膚科醫師的希爾曼一個人坐在公園裡，忽然閃過念頭：「也許該將印度（原本已經訂好五月）行程延後，留在蘇黎世，進行一場分析。」他於是又繞回去蘇黎世，開始在梅耶（Carl Alfred Meier）那裡接受分析。

梅耶出生於一九〇五年，少年時期就認識榮格，並且在二十歲左右就接受他的分析，醫學院畢業後成為精神科醫師，在三十歲左右就開始執業。二次大戰期間，他擔任榮格的私人秘書。一九四八年接任了原本由榮格負責的瑞士聯邦科技學院的教職，又成為分析心理學俱樂部的主席，也負責新成立的榮格分析訓練中心。

這個中心的成立是十分曲折的。雖然在二次大戰前倫敦和舊金山都已經成立了榮格訓練中心，但榮格本人是十分反對的。然而，隨著要求接受訓練的人越來越多，他的弟子之間亦開始爭議這個問題，榮格最後是在不得不的情況下才終於答應的。（詳細的歷史，可以進一步參考湯瑪士・克許《榮格學派的歷史》〔*The Jungians: A Comparative and Historical Perspective*〕，心靈工坊出版。）

第一批學生其實是各式各樣人都有，「老太婆和榮格狂熱迷、剛剛逃離出櫃的男同志、瑞典來的王子，還有另一個王子是義大利來的」，希爾曼這對年輕夫妻在裡面顯得特別突出。

梅耶的分析對他的影響是十分重大的。在分析的早期，希爾曼以為自己是外傾的，但梅耶的回答是：「這一點我不太確定。」希爾曼後來曾說起這件事：「這個回答是好的，因為他讓一切留在不確定裡。我想你這一生當中，會經歷不同的階段，也許外傾，也許內傾，所以我也無法清楚說自己該分類成哪一種型。」他自己也這樣形容著：「梅耶對我分析時很少開口講話。我想，他是十分被動的。但他是生理存在的典範，這可能是我看起來最需要的。他帶動了大地靈魂的各種投射，而不只是頭腦的靈魂或心的靈魂的；這是一位強韌者的靈魂。這對我來說是我身體中的存有，是存有的在場。」

一九五五年，他被選為榮格學院裡的學生會主席。同一年，國際分析心理學學會成立，第一次大會剛好就是慶祝榮格八十歲生日。

一九五九年，他完成博士論文《情感：各種相關理論的全面性現象學，以及它們對治療的意義》，並且立刻得以出版。他成為分析師，並且在榮格分析訓練中心擔任越來越重要的行政工作。在此同時，他也開始發展自己的理論。

就這樣，他在蘇黎世一直住到一九六九年。

5

英國學者（也是榮格分析師）薩繆爾（Andrew Samuels, 1985）將現在的榮格學群的活動稱為後榮格學派心理學（"post-Jungian" psychology），包括古典派（classical）、發展派（developmental）、原型派（archetypal）和其他還在發展中的。

古典派是對榮格生前的倡議，包括他的教學和二十多卷文獻（仍陸續整理中），保持忠誠。代表人物包括艾瑪・榮格（Emma Jung，榮格的妻子，本身也是分析師）、馮・法蘭茲（Marie-Louise von Franz）、韓德森（Joseph Henderson）、雅菲（Aniela Jaffé）、諾伊曼（Erich Neumann）和蓋拉・阿德勒（Gerhard Adler）和亞刻畢（Jolande Jacobi）。

發展派主要由邁克・福德罕（Michael Fordham）和他太太弗莉達（Frieda Fordham）所提出。和克萊恩的弟子溫尼考特、比昂、寶拉・海曼（Paula Heimann）、唐納・梅策爾（Donald Meltzer）等人十分熟稔的他們，將傳統的榮格學派和克萊恩的客體關係理論加以結合。

另外，還有過程取向心理學（Process-oriented psychology），也稱作過程工作（process work），是由蘇黎世訓練出來的分析師敏岱爾（Arnold Mindell）在七、八〇年代提出，被稱為「榮格心理學的女兒」，強調「無意識」的察覺猶如一股持續流動的體驗。這流派將榮格以口語為主的個人分析工作擴大為身體體驗、意識轉換和多文化的團體工作。

而希爾曼則是在回到美國後，正式提出了原型派或原型心理學（Archetypal psychology）。

6

希爾曼對當時主流的心理學有很多批評，認為都掉進了自然科學哲學的陷阱裡。他的批評主要包括：這些心理學因此變得化約的、物質的、文字的；這些心理學是沒有靈魂，沒有心靈的。

而希爾曼提出的原型心理學，就是要聚焦在靈魂或心靈，探討更深的心靈操作功能，「讓所有生命有了活力的最基本幻想」。原型心理學所形塑出來的心理世界，就像是多神崇拜的神話裡，充滿了幻想和神話中的無數的男神、女神、半神、不朽、靈獸……，而自我（ego）在這其中只是眾多幻想的結合體當中的一個而已。

相對於榮格對自性（Self）及其動力和聚合體（constellation，即自我、阿妮瑪、阿尼姆斯、陰影等）的強調，希爾曼提出的原型心理學則是將自我加以相對化，並且去除它字面的意思，而更強調心靈與靈魂。

關於他對原型心理學的看法，在《重新設想心理學》（*Re-Visioning Psychology*, 1975）中，第一次相當有系統地提出來。這本書成為他的第一本暢銷書，也獲得當年普立茲獎的提名。他的寫作是相當受到歡迎的。一九九七年《靈魂密碼：活出個人天賦，實現生命藍圖》（*Soul's Code: In Search of Character and Calling*，心靈工坊出版）更成為當時美國最暢銷的非小說類書籍。

他不只是在寫作上和理論上努力，也試圖在臨床工作上有所實踐。

湯瑪士．克許曾經告訴我，在他還年輕、擔任美國健康研究院在西岸的代表時，希爾曼請曾經提出與自殺議題相關的臨床計劃。第一年預算通過了；但第二年的時候，他對自殺不表反對但要求對此進行思考的態度，讓他的預算遭到否決。

而這個計劃，也就是這本《自殺與靈魂：超越死亡禁忌，促動心靈轉化》的源頭。

7

在蒙特婁的國際會場，希爾曼和樋口和彥在旅館的咖啡座找個座位聊天起來。我陪坐一旁，聽他們聊天。原來他們是關係許久的朋友。

二次大戰以後，樋口先生和河合隼雄一樣，他們在美國獲得榮格分析師資格以後，前後去了蘇黎世繼續進修，當時負責榮格中心的就是希爾曼先生。

我在他們旁邊，偶爾插兩句話。樋口先生說起二〇〇四年和河合先生一起到台北講課時的許多記憶。他跟希爾曼說起那一年我帶他到台大校園，還有有一晚演講完後我帶他和河合先生去吃海產宵夜的事。

我還記得那個下午，因為輪到河合先生講課，空閒下來的樋口先生要我帶他去台大校園。之所以想到台大，原來是一位長期接受他分析的女性夢裡經常浮現台大校園情景之故。這位女士出生在台大的教職員宿舍，爸爸是當年台北帝國大學的教授。

我們那一天走在校園裡，樋口先生一直說，這一切建築氛圍教他想起自己大學時代的京都大學。他後來成為榮格分析師和牧師，同時也一直在京都同志社大學任教，直到幾年前退休，才到京都另一所佛教辦的文教大學擔任校長。樋口先生一直遺憾後來的京都大學改建太多了。他永遠慈祥的臉龐裡流露些許無奈的笑容，說：「每個院系都很會找錢，各自改建各自的新大樓，每一幢大廈都很特別，放在一起卻是很難看。」他說，以前的那種優美的地景，那種天線，教他懷念呀。

那幾天在台北的某一個晚上，當河合隼雄、樋口河彥，和山中康裕三位老師的座談會後，幫忙翻譯的邱敏麗老師和我帶他們到遼寧夜市的龜山島海產店吃海鮮喝啤酒，互相說彼此的笑話。經常，坐一旁熟稔日文的邱敏麗都已經笑成一團了，我還不知道究竟又說了什麼。

在蒙特婁的麗思卡爾頓飯店，樋口先生向希爾曼說起那個晚上的記憶，忽然轉過頭來向著我，帶著憂傷口氣悠悠地說：「真懷念呀，台北街頭的那個晚上。」

前幾年，二〇〇七年，河合隼雄先生毫無健康問題的預兆，就撒手離去了。樋口先生說，那一天向來以吹長笛為業餘嗜好的河合先生，在參加了同好的練習聚會時，忽然感覺到自己吹錯了一個從來就不該會錯的音符。那個晚上，他就安祥去世了。

他們兩個人雖然是一輩子老朋友，從年輕以來就一起歡樂、一起工作，包括合力建立起日本的榮格分析社群。他們兩個人，一個是笑聲開朗的太陽，一個是永遠安靜溫暖月亮。只是後來，在日本的地位越來越受尊重，兩人便越來越忙碌了（樋口先生不只擔任教授和校長，也創辦了京都生命線等重要工作；而河合先生在日本的地位和知名度越來越高，甚至在小泉純一郎的邀約下入閣，出任日本文化廳廳長），反而沒有機會聚在一起。而台北遼寧街夜市的那一個晚上，樋口先生說，雖然後來在日本還是有機會見了許多面，不過都是在工作或會議的場合匆匆相遇。那個台北的晚上，是他們最後一次像年輕的時候一樣，暢快地喝酒和聊天。

「真的懷念呀！」當樋口先生說著這一切時，坐在一旁見證過他們交情的希爾曼，眼睛也泛上溫潤的淚光。

8

在那一次難得的咖啡時光，我向希爾曼教授提出了到台灣講學的邀請。他沒有拒絕，只是笑了一下，說：「如果可以坐飛機的話……」，我也知道這是不可能的，但還是提出來了。

更早的前一年，二〇〇九年在洛杉磯參加「心理治療演化」大會時，在會場時遇到主辦人傑弗瑞・薩德。在和他閒聊的時候，談到了主辦這個會議的諸多困難，包括這些大師的逐漸凋零，當時他就曾經提過希爾曼是他專程請人用車子，從美國東北的康乃狄克州慢慢載過來的。

為什麼不能坐飛機呢？

連續兩年、連續兩次機會，我都沒有想到要問清楚。往後一年，二〇一一年十月，希爾曼去世的消息傳來，我才知道他多年以來都一直受著骨癌的折磨。

又一年，二〇一二年，忽然傳來樋口教授病危的消息。原來他是到美國參加希爾曼教授逝世週年的紀念研討會時，忽然病倒而住進當地的加護病房。

二〇一三年，我原本就和朋友約好到京都賞櫻，聽說樋口和彥教授病情穩定了，出發前也就試著和他聯絡。十分驚訝的是，他居然給我們家裡的住址，要我們有機會去找他。

他的住家就在京都修學院那一帶。我們循著住址，一路問著雜貨店家或小麵店。這些社區的小店裡，都是附近左鄰右舍的人們，典型都市裡的鄰居。他們幫我們拼湊出正確的位置，我們好不容易才即時到了樋口教授的家。

從樋口教授夫人的表情可以猜到，我們是相當罕見的訪客。不是我們很少來，而是日本人的習慣是不經常讓朋友到家裡的。剛剛從醫院出院沒多久的樋口教授，精神相當好。他帶著我們參觀他的書房、他女婿為他剛剛裝好的電腦音響和許多古典音樂的數位軟體，甚至還說要帶我們去看櫻花。

師母顯然是緊張的，原來樋口教授出院以來是很少出門的。但是當天他的興致很高，精神和體力也都很好，就帶著我們在附近散步。修學院這一代有許多廟宇，德盛只是觀光客尋常去的。樋口教授帶我們去的是一個小小的神社——鷺森神社，沒有任何的遊客。他興致很高，帶著我們逛著這神社的每個角落。其間，他停下來，指向高處的一塊古老木板，上面是當年建神社時的所有捐贈名單，原來他父親的名字也在上面。

那是一個相當舒服的午後，典型的春季，櫻花最盛開的時候，我們遇到了。偶而，一陣微風拂過，櫻花花瓣就像雨點一樣紛紛飄落。

那一年的九月，樋口教授也去世了。

9

我自己是如此的幸運，在學習榮格心理學的過程中，遇到了這麼多偉大的心靈。而剛好他們又在相互的關係中，成為彼此靈魂的友伴。我自己見到了，也很幸運地成為一個見證者。

這是一個重新喚起靈魂的時代，因為有許多像希爾曼這樣偉大的靈魂，在世界的各個角落繼續真實地活著。然而，也有許多現代人的靈魂正失落、呼喊著，我願散播這份見證而來的感動，引介詹姆斯・希爾曼的著作入國內，也希望能有更多大師著作陸續問世。

推薦序1

傾聽自殺者的靈魂之聲

蔡昌雄（南華大學生死學系助理教授）

《自殺與靈魂：超越死亡禁忌，促動心靈轉化》一書是後榮格心理學「原型學派」（archetypal school）創始者希爾曼在六〇年代的作品，而後在七〇年代及八〇年代再版。該書從「靈魂觀點」出發，針對可說是千古難題的自殺現象進行議論，在那個作者所謂「靈魂無家可歸地流浪」的六〇年代，其批判與對抗唯物主流醫學的論調，雖頗有唐吉軻德之勇，但顯然是狗吠火車，無法得到太多當世的認同。然而時遷世移，步入九〇後的靈魂年代，或靈魂不安的年代，靈魂觀點的自殺論開始鹹魚翻身，獲得更多心理治療專業人士與社會大眾的青睞與重視。這也是本書在二十一世紀的今日，出現在台灣讀者面前的背景因素。

本書主題討論的是自殺——這個卡謬（Albert Camus）稱為「哲學基本疑問」的難題。兩個經常糾結在自殺行為背後的爭議問題是：「人生為什麼值得活下去？」的意義問題，以及

「人可否結束自己生命？」的人的本質問題。從古以來自殺不斷的現象說明，這似乎是兩個無解的問題，至少從俗世的角度看是如此。在爭議無解且自殺有危害社會集體生命價值之虞的狀況下，社會不可能將自殺當成只是個人價值取捨的議題，而坐視自殺現象存在與蔓延，意欲加以防治救助，自是意料中事。

由於以生物醫學與社會學觀點的主流自殺研究，傾向把自殺看成是對個體生命造成傷害的行為，或對集體社會安全穩定造成威脅的事件，因此附屬於醫療體制的精神醫學與心理治療，雖然冠上了精神與心理的專業標籤，但是對自殺行為卻抱持著過度病理化的解釋，以及過度仰賴身體與藥物治療的方式。凡此種種，皆使得「自殺防治」雖能享有社會價值正當性的光環，但實行起來總是事倍功半，成效明顯不彰。現代各國自殺率不斷攀升，以及台灣自殺長期名列十大死因之一，都是顯例。

希爾曼正是因為看見當代自殺研究與防治這種「重視身體，輕忽心理」以及「傾向病理，忽視療癒」的偏差，所以才正本清源地提出「靈魂觀點」來，協助眾人解開自殺的神祕面紗。但是要提醒讀者的是，希爾曼因為要保持經驗的完整性及有利於療癒，而不願給予靈魂清楚的定義，所以他的「靈魂觀點」儘管迷人，卻不容易理解。

不過，從生死學及現象學的觀點出發，我倒是挺能同理甚至贊同希爾曼的處理方式。首先，希爾曼說得好，「自殺不僅是生命的出口，也是死亡的入口。」因此，要了解自殺的真相不能純粹從生命的立場看待，也必須從死亡的端點沉思審視，這是生死學以死亡為焦點審思生命的獨特之處，可以彌補現有主流生物醫學與社會學觀點的囿限。其次，根據希爾曼的後榮格心理學觀點，自殺是一種情結(complex)，帶有強大的原型無意識情緒能量，是一種靈魂選擇的經驗，所以無法被當成是病理癥狀由外部加以消除，療癒必須在靈魂的層次進行才行。因此，希爾曼在面對本體位階高於自我意識的生命完形經驗時，以定義看似模糊不清的「靈魂」稱之，其實是符合現象學還原事物本質精神的，如此可以避免自我意識本位的限制，不致掉入以理限事的認識困局中。基於此理，療癒過程是迂迴曲折的，內涵是經緯萬端的，希爾曼這本精要的小書其實無法盡述，但其起點只在於傾聽。

這個從書中提煉出來的奧義，與當代生死學自殺研究的當事人觀點十分吻合。換言之，所謂以靈魂觀點來審視自殺的精義即在於，要能傾聽自殺當事人的主觀經驗敘事，如此才能深入同理、瞭解他們對死亡的幻想隱喻與內在邏輯。於是，在具體的案例中，企圖自殺者可能因被同理、瞭解而改變心念，也可能未必能在短時間內改變其自殺心意，但卻因被同理和尊重，增進其人文價值感，而讓死亡事件具備不同的內涵。採取靈魂觀點的自殺療癒之道，重點不在於自殺防治的成敗，而在於個體生命的靈魂被看見、被尊重，於是靈魂的枷鎖不再，重獲自由的靈魂，不論死生，都已還原它的本質，走完它的命運之道，遺憾不再，助人者的靈魂經驗也因此開啟，這或許就是閱讀本書的最大獲益處。

推薦序2

害其靈者甚於殺其身：自殺的靈魂觀點

洪素珍（臺北教育大學心理與諮商學系副教授）

詹姆斯·希爾曼的《自殺與靈魂：超越死亡禁忌，促動心靈轉化》縱使稱不上「奇書」，然而以靈魂需求照見自殺，不以肉體「苟活」為滿足，此迴異於普遍社會道德的論點，也是本書算是本珍貴而罕見的「異書」。

在自殺的議題上，世俗與神聖的立場幾無分歧對立，同樣地自相矛盾且冷酷無情。自殺的世俗觀點服務於政治，個人被消融於集體當中，譬如揚殉國而貶自戕，一般自殺兩樣情；而神聖的宗教見地亦不見殊勝，為信仰獻身可以成聖、上天堂，因個人而毀棄肉身卻要墮惡道、下地獄。兩者同樣忽視個體的特殊性，否定人自行決定生死的權力、智慧和潛力。

然而，從希爾曼主張的原型心理學觀點析論自殺，也許就不是這麼回事。生命是個別的，完成原型的需求是生命的必然，死亡是個原型，因此所有的生命皆為向死的存在，任何死亡都可以說是自殺，自殺也是受到死亡原型驅策而完成的。這種對自殺客觀以視的觀點，迥異於社會普遍的認知，甚至與其出身的正統榮格學派思想間，也有著小小的歧異。

榮格思想重要根源之一為基督信仰異端的諾斯替主義（Gnosticism），後榮格學派的希爾曼在審視生命議題時，顯然也受到啟發和影響。許多人雖將諾斯替歸為神祕教派，但其中心思想其實並不複雜。它主張萬物同源，物質是低下的，宇宙最高的奧祕是靈魂的智識，人是純潔的靈魂與污穢的物質肉體之結合物。人類的肉體是那位不完美的「上帝」在其自身混亂的狀態下的創造物，而靈知則直接來自於完美之地。人的解脫得透過得知靈魂的奧祕、而非上帝拯救而獲得。靈魂的意向才是生命的意義所在，不完美的肉身充其量只是間接傳達精神的工具而已。

諾斯替的靈肉二元論認為肉體限制了靈魂，靈魂想獲得自由，便須脫離肉體。傳統榮格學派在談論「脫離肉體」限制時，比較是以象徵的方式視之，通常是透過「轉化」（transformation）而完成的。所謂個體化的重生，是象徵性的死亡，而非實際的肉體消滅。但是希爾曼在討論轉化時，把自殺死亡也視做「正常」——如果靈魂真要這麼做的話。

對於自殺，榮格本人是傾向於以精神疾病看待，而希爾曼則不排除當中有完成靈魂的召喚的可能，兩人的立場不能說格格不入，但是視角確實不同。這與榮格還是個關心病理的臨床醫師，而希爾曼則純然站在分析師照看靈魂的立場有關。

榮格曾經討論過一個因集體無意識入侵，而導致「精神疾患」的案例。有位青少年，自早就著迷於自殺，並發展出許多不可思議的手法。當他還是個小男孩的時候，即念茲在茲如何自我了斷。首先他試著憋氣，然而直至半昏迷時，卻又會自行恢復呼吸，於是他開始嘗試絕食。起初他很滿足於絕食可以死亡的幻想，後來卻發現透過鼻胃管可以從鼻腔灌食，阻斷其求死之路。因此他又想到，也許可以試著把這個入口封閉，靈機一動，出現將舌頭往後推入喉嚨的想法。開始時雖不成功，但經過勤奮練習，他終於可以將舌頭嚥入喉嚨中，導致醫療人員需要使用麻醉，才能夠放置鼻胃管加以「救治」。

一個這麼堅決且著迷於自殺的男孩，榮格歸咎於早期時「古怪念頭」的入侵，這個念頭可能來自於集體無意識，長期下來愈形耽溺，造成難以挽回的精神疾病。然而，這種觀點其實是很「醫療」的，醫生「救人」、法律「救人」、宗教「救人」、道德「救人」……，全都持有形生命至上的立場，無形靈魂的意圖並未被真實照見。這位長期嘗試自殺的男孩也許並未「發瘋」，只是想法「古怪」。我們雖然沒有資料更進一步分析他的想法，但是尋死之意如此堅決，實在令人無法排除靈魂召喚的可能性。我們可以想見，他自殺的企圖長期受盡阻撓，靈魂之苦惱也許更甚於肉體的折磨。而希爾曼所說的，並非認同自殺，他只是反覆傳達不能傷害靈魂的概念。害其靈者，甚於殺其身也。

希爾曼在寫《自殺與靈魂》時，並不期待「說服」所有人。基於專業，他把希望寄託在心理分析師身上，叮囑他們可以接受醫學「救人」的觀點，但切記「這些醫學措施不能反對靈魂」、「不可對靈魂造成傷害」，因為分析師的治療是「針對靈魂」的，得「尊重其情感與意象」。

這是一本顛覆既有概念的書，讀者可以不接受，然風簷展讀必有所感，不容錯過。

推薦序3

辯論從未停歇

廖士程（台灣憂鬱症防治協會理事長、衛生福利部委辦自殺防治中心執行長、台大醫院精神醫學部心身醫學科主治醫師）

本書英文版推薦序，來自火力十足「反精神醫學運動」[1]的重要意見領袖：湯瑪斯・薩斯教授（Thomas Szasz）。薩斯教授的另一本著述《自殺的權利》[2]與本書堪稱姊妹作，本書前半部，也在近代史脈絡下與《自殺的權利》共鳴，暗示本書將對筆者熟悉的日常工作帶來截然不同的詮釋。

薩斯教授謹慎地回顧英國近代史中的自殺，從神學、法律、以及醫學軸向尋找自殺的位置。讀者可能難以想像，近代民主政治發軔地英國，於一九六一年前，自殺仍是具有刑責的犯罪行為[3]。薩斯教授將近代自殺逐漸被精神醫療化的部分原因，解讀為面對除罪化壓力的妥協，但事實可能不是如此單純。

長久以來，關於自殺的辯論從未停歇，若回到本書出版的一九六〇年代，這辯論不休的氛圍，也絕對不僅侷限當時精神醫療面臨危機，兩股不可共量（incommensurable）的描述式（descriptive）與動力式（dynamic）精神病理典範轉移[4]，而將這危機投射到自殺防治的醫療面向而已。

面對未停歇的辯論，本書作者詹姆斯．希爾曼倡議放下病理學的偏見與堅持，以哲學的高度來看待自殺，他認為這對於在生死關頭奮戰的分析師比較好。然而事與願違，在哲學領域中，人是否有自殺權力的辯論仍舊持續中，康德（Immanuel Kant）與休謨（David Hume）的對立甚為鮮明。社會學與經濟學範疇，也依然辯論不斷，例如涂爾幹與金斯伯格（Ralph Ginsberg）對於經濟衰退時期自殺率的見解就大相逕庭[5]。即使在公共衛生與醫療領域，也有兩股截然不同的辯論方向，是要針對『高風險族群』（high-risk approach，例如憂鬱症篩檢或自殺未遂者關懷照顧），抑或是針對『一般民眾』（population approach，例如致命工具可得性限制以及心理健康促進），做為防治策略較為有效的主軸[6]。希爾曼這位原型心理學開山鼻祖，要在持續的辯論中找到自處良方。

這自處良方，讀者會發現部份反映在作者所指稱「自殺」，與讀者過去熟悉的自殺有所出入。文中的「自殺」，具有交互出現彼此借位的兩種不同面貌。「面貌一」是在治療情境，個案表達的自殺意念、計畫，或是存活下來的行為企圖，或是法醫檢察官開立死亡證明書中記載的死因自殺，在這概念下，二〇一五年台灣有三千六百七十五人因此身亡[7]；「面貌二」是在榮格式神祕主義氛圍下的集體潛意識或原型（archetype），彷彿是祭壇上映著落日餘暉的諸神雕像，佛洛伊德的自毀本能（Thanatos）。從精神分析的角度來看，意外通常令人不意外，就像口誤所說的常是真話，人生點點滴滴，罕有單純的或然率[8]；就像從結構主義觀點，沒有無辜的話語[9]。作者進一步表示：「自殺不再是進入死亡的方法之一，而是所有的死亡都是自殺，方法的選擇只是明顯與否，不管是車禍、心臟病發作或那些通常被稱為自殺的行為」。這麼一來，符合「面貌二」的自殺」概念的死亡，在二〇一五年的台灣有十六萬三千五百七十四人，這是官方死亡名單上所有死因的死亡總人數。

本書彰顯了榮格分析師（Jungian analysts）擁有的獨到理論與方法學，讓深度同理自殺變為可能。本書除了推崇分析師在探索靈魂上的地位外，也讓分析師獲得一種難得的救贖，化解了助人者的慣性或原型立場。透過這種理路，分析師與個案的靈魂互相參與，由守密義務的張力提升到共享靈魂的神祕，這種身心暫時安頓的角落，分析師與被分析者同樣需要。無論是助人者或是自殺死亡者的遺族親友，透過閱讀與理解，領悟靈魂深處需要的絕對自由與原型完整，對於面對「面貌一」的自殺，在最低層次能提供理智化的心理防衛，最終則能增添生命的智慧。

從探索靈魂的神祕旅程，回到挫斷足脛的生硬現實，我們暫時把檔次落在政令宣導，仍舊必須強調：自殺是多重因素造成的悲劇結果，在探索原型之餘，無論將自殺視為置之死地而後生的靈魂試煉，或是透過死亡經驗追求更完滿的生命經驗，當面對需要幫助的人，懇請讀者們伸出援手，做好「一問、二應、三轉介」[10]；自殺防治，人人有責，網網相連，面面俱到，共同邁向「人人都是珍愛生命守門人」的理想境界[11]。不可諱言，自殺防治會面臨醫療的極限、親情的極限以及諒解的極限，或許從理解靈魂深處，集體潛意識的原型預設，讓我們有機會超越極限。

或許有一天，我們可以真正諒解自殺者的決定，也真正諒解自己，讓彼此關心的靈魂不再互相折磨[12]。

註釋 NOTES（作者註）

1 Rissmiller DJ, Rissmiller JH. Evolution of the antipsychiatry movement into mental health consumerism. Psychiatr Serv 2006;57:863-866.

2 Thomas Szasz: Fatal Freedom: The Ethics and Politics of Suicide. Westport CT: Praeger Publishers. 1999.

3 莫家棟、余錦波、陳浩文：社會倫理通識。香港：牛津大學出版社：2012。

4 Drob SL. The dilemma of contemporary psychiatry. Am J Psychotherapy 1989;43:54-67.

5 Lester D, Yang B. The Economy and Suicide: Economic Perspectives on Suicide. New York: Nova Science Publishers; 1997.

6 Lewis G, Hawton K, Jones P. Strategies for preventing suicide. Br J Psychiatry 1997;171:351-4.

7 衛生福利部：一百〇四年死因結果統計分析。網址：http://www.mohw.gov.tw/news/572256044。造訪日期：2016年8月7日。

8 西格蒙德．弗洛伊德，林克明譯，《日常生活的心理分析》，台北：志文，1990。

9 羅蘭．巴特，李幼蒸譯，《寫作的零度：結構主義文學理論文選》，台北：久大，1991。

10 全國自殺防治中心網站：諮詢與醫療機構清單。網址：http://tspc.tw/tspc/portal/links/links_list.jsp

11 廖士程、李明濱等人：臺灣自殺防治十年回顧檢討與展望。台灣公共衛生雜誌2015;34:227-39。

12 廖士程：珍愛生命，希望無限：讓我們一同走過憂鬱的低谷。台北：心靈工坊出版社，2015。

導讀

為心理學重尋靈魂

彭榮邦（慈濟大學人類發展與心理學系 助理教授）

相較於《重新設想心理學》（*Re-Visioning Psychology*）和《靈魂密碼：活出個人天賦，實現生命藍圖》這兩本耀眼的著作，《自殺與靈魂：超越死亡禁忌，促動心靈轉化》是詹姆斯・希爾曼更為早期、也比較不為人知的作品。這本書寫就的時間很早（一九六二年到一九六四年間），篇幅不大，風格上也較前一本書（博士論文改寫的專書）來得自由許多，就像希爾曼當時寫給好友羅伯・史坦（Robert Stein）的信上所透露的，是一本不需要埋身圖書館就能完成的「小書」。

不過，這本書雖小，卻有著不可忽略的重要性。希爾曼的傳記作者迪克・羅素（Dick Russell）就認為，《自殺與靈魂》這本小書打下了他後來所有著作的基礎。正如橡實蘊藏著橡樹的精髓，如果我們把希爾曼的成熟思想，想像成一棵枝幹壯碩的橡樹，《自殺與靈魂》就是它的橡實，而大樹的原型早就蘊含在胚胎裡，等待著生根發芽、開枝散葉。

找回「靈魂」的心理學

「靈魂」其實不是一種概念，而是一種象徵。

——詹姆斯・希爾曼

希爾曼在一九二六年出生於美國紐澤西州的大西洋城，但他二十歲前往歐洲求學發展，五十二歲才因為學術任職回美國定居，因此嚴格說來，並不是一般意義上的「美國心理學家」。不僅如此，做為一個心理學家，他所設想的心理學和所謂的「美國心理學」之間，恐怕存在著相當大的差距。

從心理學史的角度來看，希爾曼在寫作本書之際，心理學在美國早已形成近乎科學主義（scientism）的堅實核心。也就是說，自然科學不只是方法，更成了美國心理學的主流意識形態。這意味著，凡是無法滿足自然科學的「科學性」要求的概念或現象（例如，不能形成操作型定義或無法被重複），都無法正當地進入心理學的視域。在行為主義當道的年代，連「心理」（mind）這個概念都差點被放棄，因為相較於可觀察的外在行為，「心理」顯得太虛無飄渺、難以被界定。至於「靈魂」（soul）這個更為古老的概念，更是被歸類在心理學的史前史，不屬於其研究範圍。

希爾曼並不反對以自然科學為師的心理學，但他認為這是「從外在來解釋」（explaining from the outside）人的心理學，一種類別化、追求普遍性的系統性知識。希爾曼有異議的，是上文提到的科學主義——或者以他的話來說，心理學的科學情結。科學情結讓普遍性知識的追求成了心理學的偏執，忽略或矮化了「從內在去理解」（understanding from the inside）人的心理學。由佛洛伊德、榮格等人所開創的深度心理學傳統所代表的，正是這個「從內在去理解」人的心理學。歷史告訴我們，深度心理學從一開始就參與了心理學的形成，只不過在後來的發展裡逐漸被邊緣化，只能委屈待在學院心理學的角落。

對希爾曼來說，「從內在去理解」人涉及的是人的主體經驗，是關乎「意義」的問題，那是普遍性知識無法回答的、屬於個體和「靈魂」的心理學領域。然而，深度心理學為了保住自己在學院的正當性，往往必須把臨床的個體性知識轉譯成研究的科學語言，才能獲得認可。希爾曼認為，以這種折衷方式存在於學院的深度心理學，雖然「找到了反應模式、發現了機制」，卻在過程中失去了它最珍貴的靈魂。

因此，如果要真正保住深度心理學，就不能採取把「內在」翻譯成「外在」的折衷做法，而必須真正恢復心理學的雙重視野。希爾曼認為，唯有「重新想像」（re-vision）心理學，導正心理學的視野偏斜才有可能做到。他的做法，是把「靈魂」重新帶回心理學，而且將它擺在中心位置，做為心理學的根源隱喻（root metaphor）。[1]這樣的心理學，希爾曼後來在《重新設想心理學》一書中，將它稱之為「靈魂的心理學」（psychology of soul）。

值得注意的是，當希爾曼把「靈魂」重新帶回心理學時，他並不是把「靈魂」視為某種性質確定的概念。「靈魂」是個相當古老的概念，圍繞著這個概念，歷史上有千百種關於靈魂**是什麼**的說法。對希爾曼來說，這些說法都同樣的真實，因為它們都是「由靈魂所提出的靈魂說法」，都是「靈魂用思維來描述自己」。希爾曼指出，與其說「靈魂」一直以來被視為某種可以被明確界定的「概念」（concept），不如說「靈魂」是被當成一種「象徵」（symbol）來把握。「象徵」的特色是指向某種奧祕，卻無法被全然把握。「靈魂」正是如此，因為我們「雖然用它來描述那個賦予意義、把事件變成經驗、並且用愛來溝通的未知人類因素，卻無法不含糊地使用這個字眼」。

把「靈魂」這個象徵做為心理學的根源隱喻，根本地改變了我們對心理學的想像，也改變了心理學的可能作為。因為「靈魂」拒絕被定義、而更像是一個奧祕，指向人那不可全然被掌握的「內在」或「深處」，「心理學」（*logos of psyche*）就不再是「行為及心理歷程的科學研究」，而是一種涉及了「靈魂的訴說」的學問。既是如此，以「靈魂」為根源隱喻的心理學作為也必然是深度的，如希爾曼所言，那是一種「以理解為方法，既能夠訴說靈魂，也能以靈魂的語言來與它溝通」的工作方式。

自殺：靈魂的死亡經驗

問題不是贊成或反對自殺，而是自殺在心理上的意義。

——詹姆斯．希爾曼

希爾曼所設想的「靈魂的心理學」，因此並不屬於實驗室，而是屬於人與人遭逢的臨床現場。「靈魂」無法被儀器丈量，因為任何想要測量的舉措，都已經事先界定了它的物質屬性，也就錯過了「靈魂」本身——亦即，作為一種象徵而在主體間際打開的內在奧祕向度。既然如此，那有沒有可能找到一種經驗，「靈魂」於其中清楚地浮現？

如果從這個問題意識出發，我們就可以知道希爾曼為何要構思《自殺與靈魂》這本小書，而它又為何會是進入希爾曼思想的橡實。在本書的前言，希爾曼就明白地告訴我們，這本小書質疑「自殺防治」的觀點，它「不從生命、社會與『心理健康』的觀點」，而是從「自殺與死亡和靈魂的關係」來切入「自殺」的問題。這意味著，對於希爾曼來說，「自殺」正是這種經驗，於其中「靈魂」清楚地浮現，對於自殺者來說是如此，對於面對他人自殺的心理分析師來說亦是如此。

死亡經驗，是希爾曼開展「靈魂的心理學」的起手式。希爾曼認為，「死亡」不只是生理死亡這麼簡單，而是人在活著時就經驗到的狀態。生理死亡是最後發生的，在那之前，靈魂經驗著自己的死亡——亦即，「我」和所有被當成是「我」的一切都要終結。因此，在成為現實事件之前，死亡首先是一種靈魂經驗，「靈魂」面對自己終結的深刻體驗。

希爾曼從分析心理學的角度指出，死亡出現是為了轉化。透過死亡，生命才可以從前一個狀態進入下一個狀態。這樣的說法並不難想像，因為舊的秩序不結束，新的秩序根本無從浮現。從分析的經驗中，希爾曼也發現靈魂偏好以死亡經驗來推動改變。在這個意義上，如希爾曼所言，「自殺衝動」是一種「轉化的驅力」，而「自殺」，則是「嘗試透過死亡，強制從一個領域移動到另一個領域」。

因此，在自殺衝動的驅動下，透過死亡經驗的轉化，強制從現實狀態進入下一個未知的狀態，這個是「自殺」在靈魂層面的真實。然而，「自殺防治」的做法往往把重心放在圍堵對肉體生命的傷害，而錯過了它對靈魂的意義。自殺的強制性是沒有辦法用各種預防措施來圍堵的，因為就像希爾曼所述，「抵抗只會使衝動更為強烈，讓實質死亡更讓人信服」。

「自殺不能防治」，希爾曼這樣的說法，恐怕會讓人感到相當無助。「難道我要眼睜睜看著他去死嗎？」妳／你一定會這麼問。希爾曼的說法是，既然自殺是靈魂之事，是靈魂透過自殺幻想所渴求的轉化，那麼我們就不能抵抗，反而應該藉由分析關係來促成死亡經驗的發生。心理分析師必須要體認到，他所面對的是「靈魂」正在經歷轉化的痛苦，他得進入聆聽者的位置，不逃避靈魂的任何意圖，成為病人進入死亡的橋樑。希爾曼認為，唯有如此「**死亡經驗或許會在實際死亡發生之前就來到**」。在那時，靈魂所渴求的轉化已然發生，實際的死亡就不再具有強迫性和必要性。

希爾曼這種「不防治自殺，卻實際阻止了自殺」的弔詭說法，聽起來似乎不負責任，充滿著太多的風險。不過我相信，真正在臨床現場面臨過自殺張力的人（不管是自己或他人）會知道，或許希爾曼才是知情者。

導讀至此，我想我已經盡到了「破題」的責任。《自殺與靈魂》雖然是本小書，但我在閱讀時卻不時被它的文字感動，彷彿有能量穿透這些智慧的話語而來。或許那些悸動就是被封存的靈魂，它們在無時間的靜默中等待，而唯有閱讀，才能解除封印。

註釋 NOTES（作者註）

1 希爾曼在本書第二章開始對「根源隱喻」的討論，非常具有啟發性。簡單地說，「根源隱喻」指的是在任何行業中都存在著的某些根本思考模式。這些思考模式不是被意識雕琢出來的想法，而是根植於我們心靈結構的半意識態度。根源隱喻的重要性在於，它們決定了這個行業面對問題的方式。例如，如果我們把人視為「資訊處理系統」，那麼我們就會用對待「資訊處理系統」的方式把人問題化，分解為如流程圖般的步驟加以處理。

序

自殺：是瘋狂？還是一種選擇？

■湯瑪斯・薩斯（Thomas Szasz, 1920-2012）

前紐約州立大學賽陸克斯健康科學中心精神病學榮譽教授，被認為是世界上對精神病學領域最著名的批評家，也是自由與責任議題出色的哲學家。

對人類以外的動物而言，生育與死亡是生物過程的偶發結果。但對人類而言，這些事時常是刻意的選擇。最早的歷史記錄顯示，古時人類就用殺嬰來控制生育，用自殺來控制死亡。節育對正統猶太教與天主教而言是罪惡，但除了他們外，幾乎其他所有人都認為不節育才是不負責任的。墮胎對大多數人而言仍是一種道德困境，殺嬰被定義為謀殺，是法律所禁止的。只有在自殺的問題上，現代人有較滿意的答案：現代人知道自殺是一種心理疾病的症狀，除非「病人」是被醫生「協助」自殺，不然，自殺就可算是對於疼痛的一種「治療」。

讀者可能會很驚訝，早在醫學所謂的「精神科」存在之前，自殺就已從被稱為「謀殺自己」的刑事罪行，轉變成腦部疾病的一種症狀，被稱為「瘋狂」（這免除了行為犯錯）。在此簡短說明其來由。在十五世紀，英國刑法結合了宗教與世俗，對於自殺者予以懲罰，十八世紀，英國偉大的法學家威廉·布萊克史東（William Blackstone）贊成這種發展，他曾做以下的描述：

> 英國法律很明智且合乎宗教觀點地認為沒有人有權力摧毀生命，但若是來自上帝——生命的創造者——的授權，就可以；自殺是一種雙重的犯行，一是靈性的，逃避了全能上帝的管轄，提早進入祂的領域；另一是世俗的，違反了君權，君王想要保護所有的子民，因此這項法律被列為最高的罪行，成為對自己犯下的特別重罪。[1]

因為自殺被當成雙重罪行，違逆了上帝與君王，自殺者要被雙重懲罰，遺體禁止葬在宗教墓園[2]，世俗財產被沒收繳納王庫。這種野蠻的報復，逐漸讓英國負責判斷所謂非自然死亡案件的法學家設法對受害者網開一面，不管是死者或活著的人。

十八世紀的英國是世界上科技最進步、最繁榮、最有力量的國家。不讓人意外地，英國人享有更多的個人自由，但也更大量地自殺，比世上其他地方都多。查閱「自殺」一詞，英國牛津字典提供了例子：「一七四一年……在一個陰沉鬱悶的國家如我國，自殺者要比世上任何其他基督教國家更多。」但是，在十八世紀的英國，新的事物不應是陰鬱，而是自由。史上首次，英國人民開始認真考慮個人自由與財產擁有權的雙重概念。文化氣氛越來越人道，英國人在擔任陪審團成員時，發現根據法律來懲罰自殺是件越來越讓人無法接受的事。然而，要廢除反對自殺的法律是難以想像的。統治者與人民都相信讓自殺合法就像容許吸毒。

讓瘋狂成為有罪[3]——也就是，讓自殺「瘋狂化」，把犯下此罪的人當成瘋子——是最完美的解決之道。讓英國人民能維持宗教上與法律上的反對自殺，同時，提供了具有同情心與似乎帶有科學性與啟發性的機制，讓自殺者的家屬免於遭受屈辱與經濟上的懲罰。英國研究自殺的歷史學者史波羅特（S. E. Sprott）描述這種發展：

> 在十八世紀，陪審團越來越常做出心智失常的判決，來拯救家屬免於遭受重罪判決的後果；死亡案件被記錄為「瘋狂」的數目遠超過記錄為「自我謀殺」……到了一七六〇年代，財產沒收已很罕見。[4]

任何思考這個問題的人都會發現，在當事人死後判定自殺者的「心智」在犯下此罪時是不正常的，其實是在用法律手段來規避法律懲罰。布萊克史東看出這種藉口，並予以警告：

> 但這個藉口（判定犯行者心智失常）不應該被過度引伸，讓陪審團認為所有的自殺行為都是瘋狂的例證；彷彿所有行為違反理智的人都無理智可言似的；畢竟，這樣的論點也可用來證明所有其他犯罪也都可以如同謀殺自己的人一樣，都是心智不正常的。[5]

這個警告是徒勞無功的。法律認定陪審團的死後判定是一種對於人類心智事實的認定。照理說，逃避責任是不需要被鼓勵的，然而，法律——這偉大的導師——在這裡鼓勵了這樣的規避。宣判自殺者心智失常，形同法律打造了一個機制來逃避責任，加上醫學專業的協助，把這種逃避包裹在醫療與科學中。結果，到了十九世紀的開端，美國的法律與大眾已準備要相信這個最荒謬的謊言是一種**醫學事實**：是疾病造成了自殺。

最早有系統地研究法律與瘋狂之間關係的文獻出版於一八三八年，作者是以撒·雷（Isaac Ray），一位三十一歲的醫生，在緬因州東港（Eastport）行醫（當時是一個人口兩千八百四十人的漁村）。雷是很博學的年輕人，但對於精神失常的人幾乎毫無經驗，不管是活人或死人。儘管如此，他很有信心地表示：

> 自殺傾向與瘋狂之間的相似性……也被死後觀察所發現的病理改變而加強。在大部分的例子中，驗屍時發現，腦部或腹部有器官上的傷害，多半嚴重……就算是沒有異狀或疾病的自殺

案例……驗屍時常發現很嚴重的疾病，必然在死前就存在了一段時間。[6]

雷的結論是：「關於自殺，目前沒有更重要的事實，除了與心智失常的關連可能導致自殺外。」[7]早期的精神科醫師認為自殺是需要他們專業的最好證明。法國醫師艾斯奎羅（Esquirol）的看法很有參考性。他寫道：

我常看到自殺之前有進行手淫。同樣現象也發生在酗酒上……個人因此而陷入沮喪，沒有其他辦法，只能結束生命……因此我只能說，加上我提到的事實，證明自殺提供了所有心智失常的特徵，在現實中是一種症狀……自殺成為了瘋狂的後續行為……其治療是屬於心智疾病的療法……我證明人只有在錯亂時才會想要自殺，自殺是瘋子的行為。[8]

在過去一百五十年來，此類錯誤言論經常被重複，也被深入闡述，而今我們需要相當獨立的心智，才能不再透過精神科的有色眼鏡來看待自殺。正統思維要求我們把精神科醫師當成自殺問題的專家。大眾意見與精神科醫學的專業標準亦認為精神科醫師有責任防範病人自殺；他的同儕以專家身份做證，同時身兼法官兼陪審團，也會要求他為這種「不當死亡」負責。事情完全不該是那樣。大眾意見、精神科的專業標準，以及要求我們接受精神科醫師是「絕症」病人心理狀態專家的法律，還有精神科醫師必須負責區分哪些人患有「臨床憂鬱症」，因此不具有讓醫生協助自殺的「權利」，以及哪些人沒有心理疾病，因此擁有前述的「權利」……，這種種發展很讓人擔憂，其中的危險被心理健康與人權的流行言論所遮蔽。

自殺沒有什麼神祕需要**解釋**。自殺只是一種方法，讓我們可以把死亡從機率變成一種選擇。就像我們在生命中的所有行動，結束生命的行動與醫學無關，而與「靈魂」非常有關。本書雖然寫於多年以前，詹姆斯·希爾曼這本令人深思的書可說是正逢其時。他沒有用解釋來擺脫自殺，而是協助讀者更深入**瞭解**自殺。

註釋 NOTES（原註）

1 布萊克史東（William Blackstone），《英國法律評註：公眾的錯誤》（*Commentaris on the Law of England: Of Public Wrongs* [1752–65]）（Boston: Beacon Press, 1962），211–12。

2 傳統上，屍體要被埋在十字路口，時常會有一根木棍刺穿心臟。

3 這個方法被莎士比亞在《哈姆雷特》中提到：「讓瘋狂成為有罪，驚嚇自由的人，混淆無知的人，迷惑眼睛與耳朵。」哈姆雷特，第二幕，第二景，547–50.

4 史波羅特（Sprott, S. E.），《英國對於自殺的辯論：從多恩到休姆》（*The English Debate on Suicide: From Donne to Hume*）（Open Court Press, 1961），112。

5 布萊克史東.，op. cit.，212。

6 雷（Ray, I.），《論醫學對瘋狂的法理學》（*A Treatise on the Medical Jurisprudence of Insanity*）[1838] ed. Winfred Overholser（Camblidge: Harvard UP, 1962）273–74。

7 Ibid.，274。

8 艾斯奎羅（Jean Etienne Dominique Esquirol），《心理疾病：論瘋狂》（*Mental Maladies: A Treatise on Insanity*）[1838]。一八四五年英語版（New York: Hafner, 1965），281–312。

前言

從死亡與靈魂探討自殺（寫於一九六四年）

討論死亡與自殺的問題，意味著打破禁忌。要打開長久被封閉的議題是需要力量的，防禦越強，就越需要施壓。所以這本小書提出了異議。質疑自殺預防；檢視死亡經驗；不是從生命、社會與「心理健康」的觀點來看自殺問題，而是從死亡與靈魂。本書不僅把自殺當成是生命的一個出口，也是死亡的入口。這樣觀看角度，顛覆了傳統的態度，尤其是醫學上的，所以會激怒醫學界，並從嶄新的心理學觀點來支持不具備醫學訓練的心理分析。這種全然另類的觀點透過靈魂所經驗到的死亡視界（vision），來探討自殺。

不管怎麼談人類靈魂——不管有沒有觸及重點——都會難分對錯。心理內容非常複雜，怎麼說都不夠充分。我們無法退離心靈，客觀地看它，就像我們無法退離我們自己。我們就是心靈。而且，因為無意識會藉由相反但同樣合理的立場來增補，而讓每一個意識的構成彼此產生關聯，所以心理學的所有論點都是不確定的。真相仍未確定，因為唯一能確定的死亡也沒能揭示其真相。人類的脆弱在心理學上設下了最多的限制。於是，抉擇便是：要嘛就是不要以智慧之人自居來說這一切，要嘛就是只管魯莽地一吐為快。本書是後者的產物。

自殺的陰暗面（寫於一九七六年）

再版讓我有機會多說一些。例如，更需要說說自殺的陰暗面：攻擊、報復、勒索、虐待和被虐，厭惡身體。自殺之舉讓我們自己的「內在殺手」有跡可尋，藉以探究這個陰影究竟是什麼，它要什麼。由於自殺之舉是這個陰影把身體當成工具來達到具體目標（報復、仇恨等等），便引發諸多強烈的疑惑：自殺的企圖以及想藉由身體來如何呈現的企圖，兩者間有何關係。

對於自殺的如何呈現（literalism）有更多可說——因為危險不在於死亡幻想，而在於如何呈現。所以自殺的如何呈現（suicidal literalism）或許反過來敘述：如何呈現便是一種自殺。雖然本書瀰漫著把死亡的感覺當成一種隱喻，把自殺當成是朝向這個隱喻的嘗試，但這種對於死亡的觀點背後的原型，有更多需要說明。我從一九六四年就開始處理這個問題，所以邀請想更進一步探討本書議題的讀者看看我對於智者原型（senex archetype）所寫的一些文章，以及我的著作《重新設想心理學》（*Re-Visioning Psychology*）中關於病理化、如何呈現與隱喻的部分，還有一九七三、七四年在愛諾思講座（Eranos Lecture）[1]的演講：「夢境與冥界」（The Deram and the Underworld）與「變態心理學的必要」（On the Necessity of Abnormal Psychology）。本書為後面那兩篇關於人性黑暗面的演講奠定了基礎。

如同以往，我要感謝以不同方式為本書做出貢獻的人：在執業中與我共同工作的人們（姑隱其名），以及第一版中提及的人——Eleanor Matter、Adolf Guggenbühl、Carlos Drake、Robin Denniston、A. K. Donoghue、Elisabeth Peppler、David Cox、Marvin Spiegelman、John Matter以及Catharina Hillman。

註釋 NOTES（編註，本書以下註釋皆為編註）

1 愛諾思講座是一個以探討人文、宗教靈性為宗旨的學社，成立於一九三三年，每年一度邀請不同知識領域的思想家發表演說。Eranos源自古希臘文，意指客人各自攜帶食物前來共享，沒有主客之別的宴會。

第一部 自殺與心理分析

對整個物種是自然的一切，對個體不一定就是如此。

——約翰·鄧恩（John Donne）[1]，《自殺辯：一段弔詭背論或論述的宣示，關於自戕未必便是罪，換個背景可能完全不同》（*Biathanatos*: A declaration of that Paradox or thesis, that Self-homicide is not so Naturally Sinne, that it may never be otherwise），一六四四

只有一個真正嚴肅的哲學難題，那就是自殺。判斷生命是否值得去活，就等於回答哲學的基本疑問。所有其他……都排在後面。那些都只是手段問題，這個才是必須先回答的。

——卡謬（Albert Camus）[2]，《薛西佛斯的神話》（*The Myth Sisyphus*），一九四二

這兩者儘管看似相反，但秩序的建立和所建立之體制的瓦解，兩者都是全然超過了人的控制。祕密是，只有能自我摧毀的，才是真實地活著。

——榮格（C. G. Jung），《心理學與煉金術》（*Psychology and Alchemy*），一九四四

我們不是應該承認，我們的文明對於死亡的態度曾經使我們對於活著抱持揮霍的心態，因

而必須革新，並還真相本來面目？給予死亡應有的地位，在我們的思維中給予它適當的歸屬，並讓位給我們無意識中對死亡的態度，讓這一向被小心壓抑的心態能有些許顯著的位置，這樣不是比較好嗎？……Si vis vitam, para mortem。如果你想要體驗生命，就要準備好迎接死亡。

——佛洛伊德（Sigmund Freud），《關於戰爭與死亡的思索》（*Thoughts on War and Death*），一九一五

喔，建造你的死亡之船，喔，及時建造，並細心打造，把船放在你靈魂的雙手之間。

——勞倫斯（D. H. Lawrence），《死亡之船》（*Ship of Death*），MS. 'B'.

註釋 NOTES

1 約翰・鄧恩（15721631）英國詹姆斯一世時期的玄學派詩人。本處「自殺辯」譯名係借用英國新堡大學博士曾建綱發表於中央大學《人文學報》第三十四期，二〇〇八年，四月。

2 卡謬（1913–1960），法國存在主義大師，一九五七年獲諾貝爾文學獎。著名作品有《異鄉人》、《鼠疫》、《薛西弗斯神話》。

【第一章】

問題

任何對生命的慎重思考，都需要反思死亡；而面對現實就是意味著要面對人的必死。我們永遠無法完整把握生命，除非我們願意與死亡角力。我們不需假定有所謂的死亡的衝動，也不需要猜想死亡的意義，就可以說出一個單純的重點：一切深沉複雜的考量，不管是關乎一己或牽涉他人，其中都有死亡的問題。死亡的問題在自殺之中尤其鮮活。沒有什麼比自殺更接近死亡了。我們若要增進自我瞭解、體驗現實，探討自殺就是第一步。

因為心理分析對於生命謹慎以視，所以其中滿是關於死亡的疑問。它提供緊迫的人類處境，好讓我們專注於重要的問題，因此成為生命的典範。一切都在一個小房間內赤裸裸呈現，在兩個人之間，祕密而又隔離。罪惡的議題在這裡如魚得水，因為心理分析比較是左手的活動[1]，而不是右手。它談論禁忌，自身也有一套禁忌。適應社會秩序是屬於右手的目標，屬於意識層面的建言。但心理分析也包括了左邊。它揭露了一個次等的人，笨拙又帶著罪惡，而自殺議題在此至關緊要。心理分析讓左手有機會在意識上活出自己，卻不會有知情的右手來說三道四。右手永遠不了解左手，只能予以詮釋與顛倒。

因此透過心理分析來處理關於自殺的疑問，我們獲得的答案就有可能不是出自統計數字、案例或研究文獻——這些方法都是右手發明的。因為心理分析是生命的縮影，尤其是黑暗面的部分，因此從中發現的結果可以廣泛適用於其他理性不足以應付的個人親密活動。這些發現可以被顛倒成為自殺問題的處理，因為自殺可能出現在生活的其他層面。

自殺正是發生在**生活之中**。與一般的想像相反，自殺比較容易發生在家中，而不是在療養院。它會發生在某個名人、隔壁鄰居、家人——或自己身上。就像任何命運的轉折，例如愛情、悲劇、榮耀，只有在受到扭曲時，或是只有在成為一種精神症狀時，自殺才屬於精神科醫師要處理的事。自殺本身既不是症候群，也不是症狀。因此這項探究可能沒有特定的方向；相反的，我們必須從人類的處境來分析自殺，因為自殺可能而且確實發生在任何生活中正常的時刻。

心理分析對自殺的立場？

自殺是最令人擔憂的生命難題。我們怎能為自殺做好準備？我們怎能領會自殺？為何有人要自殺？為何不自殺？自殺看似是無可挽回的破壞，只留下內疚、羞愧與無望的疑惑。在心理分析上也是如此。對心理分析師而言，自殺比精神官能症、性誘惑或肉體暴力要更複雜，因為自殺代表了心理分析師應負起的最高責任。此外，自殺根本上是無解的，因為它不是生命問題，而是生死問題，帶著死亡所相關的無法確知之事。關於自殺的考量也帶出了生命終極的考量。心理分析師藉由瞭解自己對此問題的立場，也可以建立他對事物優先順序的態度，並轉變與形塑他的使命。

心理分析師對於宗教、教育、政治、出軌與離婚，甚至對假期、飲酒、抽煙與飲食的看法，都不應該影響他的分析工作。在專業訓練中，分析師會思考他自己的信仰、習慣與道德理念，讓這些事情不會成為另一人的障礙。因為光從個人的觀點出發，並不足以滿足分析進行時的需求，訓練是為了增加客觀性。當自殺成為心理分析時的難題，心理分析師除了自己主觀的關切之外，應該要能夠有所瞭解。但心理分析師要如何對自殺發展出客觀態度呢？

客觀意味著開放；但要對自殺保持開放態度並不容易。法律認定自殺為罪行，宗教稱之為原罪，社會避之唯恐不及。長久以來我們習於噤聲不談自殺，或以瘋狂做為推托之詞，彷彿自殺是最根本的反社會異常。對自殺抱持客觀態度，立即讓人被排除在群體之外。對自殺抱持開放態度，代表的不僅是在個人立場上與集體道德對立，**對此領域的客觀探討，也背叛了生命本身的本能衝動**。這種探究所提出的問題，必然會超過生命能觸及的範圍。但只有死亡是超出生命能觸及的範圍，因此對自殺抱持開放態度，首先便意味著坦然而無懼地朝向死亡邁進。

這是很實際的事。一個新的個案來到，你注意到手腕上的割痕，初期訪談中發現，幾年前該個案曾兩度祕密嘗試自殺，而且差一點成功。這位個案人只想找你，因為一位朋友對她推薦了你，她無法信任其他人。接受了這個個案，你就接受了風險，她下一次遭遇危機時可能再次嘗試自殺，但你必須保持心理分析工作上的張力，不能畏懼危機。

另一個個案患了癌症，疼痛越來越加劇。為了家庭與經濟原因，他判斷應該現在就死，而不是在醫療宣判的這段最後存活期間忍受痛苦——並使家人被迫跟著受苦。他也不想以藥物止痛而在昏迷中死去，逃避死亡的體驗。從他的心理狀態、他的夢想以及他的宗教信仰中可以看出，他確定人終歸一死，而這個時間已經到了。他的哲學觀點已經塵埃落定，不想浪費力氣爭辯。他來尋求你的同理與指引，踏上這最後一步。

一個年輕人車禍僥倖生還。他夢見他有著自殺的問題，但他無法正視，因為他還沒有強壯到可以處理它。他感到擔憂，因為他感覺不到那個夢的衝擊，但知道自己身處危險之中。他想要與你一起解決這個問題。如果你分析夢境，沒有與他一起面對自殺的問題，他可能會再次發生車禍，用以代替自殺。如果你分析他的擔憂，跟他一起處理自殺的問題，他也許無法承受，夢境可能會「成真」。

第四個個案的父母之一遵循奇特的家族傳統而自殺，受到崇拜，他在夢中收到了離奇的訊息。他覺得必須回應故者的呼喚；因此對死亡感到越來越著迷。況且，夢境中殘缺或死亡的人物代表了一種心理內容，進入意識時，也許會癱瘓生命的動力，成全了敵人。

與精神科醫師的差異

沒有醫學背景的心理分析師一般被冠上「外行」（lay）的稱呼，他們要孤獨面對這些決定：沒有既定的立場或社會機構來幫助他面對危險。他與對方——即他的個案——有一種獨特的關係，這意味著此刻他對這人的命運有密切的責任，比丈夫或妻子、子女或父母、兄弟或姊妹還要密切，因為他對這人的心智與情緒有特殊的私密關係。他不僅知道其他人不知道的事情，心理分析本身也讓他成為決定命運的角色。此獨特關係加上對於共同命運的複雜期待，被稱為移情（transference）。心理分析師透過移情參與了另一人的生命，超過了其他任何人所能。移情是兩人的患難結盟，有時是在對抗全世界。這種私人結盟是心理分析的基礎；類似律師與客戶、醫生與病患、神父與告解者的關係。但是在其他行業裡，這種信任的關係是工作上的輔助，很重要，不過——我們稍後將會看到——如果在急迫的狀況下與該行業的基本原則相牴觸，必須予以免除。然而移情是心理分析的根基；如果因為其他原則而被擱置，一定會破壞治療上的效果。移情是療癒過程的鮮活符號，表達了心理分析中持續不斷變化與吸引的愛慾（eros）。

因為移情是如此複雜，充滿情緒，而且非常神祕，因此難以解釋。不同的心理分析師對此字眼有不同的用法。也許把它與祕密、沉默以及「對抗全世界」之類的字眼互相比較，會更容易瞭解，這些模式也在其他深奧的靈魂工作中運作著，諸如：藝術創作、宗教神祕體驗以及熱烈的愛情。在心理分析獨特關係中的參與者，分享著與愛人、探險家、啟蒙者同樣的神祕體驗。這種「左邊」（via sinistra，拉丁文）的參與者都是同謀；一人的自殺，也就意味著另一人的參與。

對精神科醫師而言，情況就不一樣了。精神科醫師受過醫學訓練，後續我們也將探討這種訓練的效果。目前我們能說的是，精神科醫師有既定的立場來面對自殺的威脅。他不像心理分析師那樣孤獨，因為他不是那樣地開放自己。他對移情有其他的看法，讓他以不同的方式參與療癒過程。更重要的是，他事先知道他對於自殺的責任：拯救生命。他有方法立刻處理，例如，透過生理的處置（電擊、注射、藥物）。他有權力（各國不同）強制病人住進療養院，至少暫時性進住以防止自殺。如同軍人、警察或法官的職責所遇，醫療人員也會在執行職務之際遭遇死亡。他不需要負責，除非是疏失或不尋常的情況。如果出錯，他有專業上的觀點保護。對世界而言，他不是「外行」。職業上的支持，以及他被視為判斷這種問題的專家，讓他能安然做出決定，並在良心上感到自在。

而且，醫療失誤是醫療工作的一部分。外科、婦產科、麻醉科，都常有失誤，診斷與用藥上也常發生。沒有人期待醫學是完美的。在對抗死亡的戰鬥上，醫生被期待無止無休地戰鬥，但不是每次都贏。醫生在某種程度上必須習慣病人在他手上死亡，因為從他學習解剖的第一堂課開始，肉體的死亡對他來說就是家常便飯。

精神科醫師比較不會像實習醫生或外科醫生那樣犯下大錯。他比較不會碰上病人死亡的狀況──除了自殺。因為死亡對醫療人員而言是最明顯的「失誤」，自殺對精神科醫師而言，就如外科醫生的手術失敗。

以心理狀態來評判健康與否

對心理分析師而言，則要從另一個角度來看失誤。他最關心的永遠是**靈魂的健康**，因此他的判斷標準是基於心理生命，而非生理生命。我們會看到，心理健康並不一定從外在生理表現出來；因此，心理分析師的失誤比較難以發現或評估。心理上的傷痕和殘障，與生理上的並不一樣。我們對心理分析的期待也比醫學更複雜，心理分析的成功、失敗之間的差異，也不是那麼明確。還有，由於心理分析是一種人際關係，而人際關係會涉及心理分析師的個人性格，因此心理分析師永遠參與了所有事件。這種參與超越了醫療上的責任，毋寧有如個案就是自己一般地參與其中。因此，個案的死亡也就是心理分析師自己的死亡，他自己的自殺，他自己的失敗。心理分析師若一再面對有自殺傾向的人，就會被迫審視自己的死亡與缺失，因為來找心理分析師的人帶來了心理分析師自己的問題。這種態度與精神科醫師不一樣，精神科醫師不會把診療室中的疾病與抱怨也當成是自己的。心理分析師與個案的獨特關係也阻止了其他人參與，於是心理分析師孤獨地背負著兩人的死亡。

但是，心理分析師的訓練不足以讓他對此有所準備。他面對了死亡，但沒有如醫生般在訓練中接觸死亡的特權。心理分析師遭遇死亡的道路是心理上的，也就是透過他自己心理的死亡經驗。他的訓練分析是心理死亡的啟動（initiation）。但啟動只是一個開始。心理分析師如果沒有像醫生面對肉體死亡那樣，經常在工作中面對心理死亡，他對於心理分析工作中這個最關鍵的部分就還是外行的。要弄清自己對於自殺的立場，心理分析師會面對這種挑戰。這能幫助他更靠近死亡經驗，發展出自己的客觀，讓他有能力在心理上面對死亡，如同醫生面對肉體的死亡。

如果精神科醫師也是一位心理分析師，似乎就有了理想的解答：醫學心理分析。一方面，他可以採取心理方式，與病患建立獨特的關係；另一方面，他有醫學的武器來對付隨時來襲的自殺。事實上，這是現今的一般模式（醫學與心理分析師通常都採取心理方式，若出現自殺意念時，兩者都會採取醫學方式）。此議題幾乎可以不用再談，除了一個最最基本的問題：說不定醫學心理分析不只不是理想的解答，而且是比單獨的醫學或心理分析還更有問題？

醫學與心理分析所要求的觀點很難統合。一個人能一邊執行心理分析，同時又保有現代醫學科學的觀點嗎？或接受深度心理學認可靈魂的觀點，同時又執行正統醫學？我們在稍後的章節將看到靈魂與肉體的要求會彼此衝突。有時生命會要求放棄靈魂的價值。如果採取生命的立場，如醫生之必然，心理的考量就必須是次要的。在任何療養院都可找到如下例子，為了保障生命、防治自殺，用各種殘暴地羞辱著心理的舉措，來讓受苦的靈魂「正常化」。事實上，現代醫學的任何警告、任何處方、任何療法，都有著反心理的成分，不管是明擺著這麼做的鎮定劑，或看來只是單純技術的包紮與固定。身體的治療不僅影響身體而已，心理也受到了影響；這有可能是正面的，但如果對靈魂的影響被拒絕或忽略，就可能是負面的。**每當治療直接忽略了體驗本身，而是急於減輕或消除之，靈魂就受到了傷害**。因為體驗是靈魂僅有的養分。

如果採取心理的立場，如心理分析師之必然，肉體生命可能會被排擠而未完成，才能達到靈魂迫切關注的救贖。這似乎違反了所有的常識、所有的醫學做法，以及關於「健康的心理在於健康的身體」（mens sana in corpore sano）的所有理性哲思。但是生命的經驗時常以例證顯示，身體只是次要的，而各種精神官能症都顯示了這種心理優先於肉體的順序。

肉體與靈魂之間的緊張，最清楚彰顯於自殺的問題。在其中，肉體可以被「不過是幻想」而摧毀。沒有其他問題更能強迫我們像面對肉體一樣地面對心理現實。由於所有的心理分析都環繞著心理現實的軸心，自殺便成為所有心理分析的典型案例，也許對所有生命而言亦復如此。

註釋 NOTES

1 一般而言，右腦負責圖像、音樂、藝術等感性、體驗性功能，左手由右腦控制，故左手活動引申為感性、體驗性的活動，相對而言，右手活動意指理性、邏輯、科學式的活動。

【第二章】

自殺防治：社會學、法律、神學與醫學上的觀點

我們應該對那些與自殺最有關的領域展開探究，希望從中建立觀點，獲得協助。然而，支持與反對自殺的舊論點，以及這些論點的理由，都應該被擱置。這些東西儘管可能很有趣，但無法開創新局。分析性的探究與其他方式的探討不一樣，它不預先譴責或推崇自殺，甚至不會用任何方式來批判自殺，而只是將自殺當*成一種心理現實中的事實。其他人是如何看待這個現實呢？還有，心理探究也必須問：為何其他人以這種或那種方式來看待這個現實？為了得到塑造自己立場的助力，我們必須探究，是什麼塑造了其他的立場。所以，探究必須始於自殺爭議的根源，而這些爭議所持的心態，來自於最常討論自殺的領域中所運用的基本思考模式。

我們所有人，不管是什麼職業，都有特定的根源隱喻（root metaphor）。這些思考模式在幕後掌管了我們在職業上面對問題的方式。這些隱喻不算是仔細思量出來的意識上哲思，而是半意識的態度，立基於心理結構本身。對根源隱喻的研究是觀念史的一部分。由於榮格探索這些世界觀的基本模式的原型本質，讓觀念史變得更具有經驗與心理基礎，與實際生活更有關

聯；因為，在每個人無意識的態度裡，同樣的思考模式都在運作。

根源隱喻不是我們能隨意取得或拋棄的。它們是傳統，經由職業本身來傳承，所以當我們執行某個職業任務時，就進入了一個原型的角色。在傳統活躍之處，由原型所形成的背景便影響著相關的人。它在許多方面比個體要強大，有助於個體在職業上的努力發揮效果。

社會學的根基

例如，看看社會學家的狀況。支配其立場的根源隱喻，以及他所效忠的根源隱喻，是社會。社會對他而言是一種鮮活的現實，提供了讓他瞭解自己的管道；既供應一種思考模式，讓他可以推演出假設，也供應事實的場景，讓他可以測試與應用假設。新的事實將先套用此模式，適用的程度越高，社會學家就越成功。

艾米爾．涂爾幹（Emile Durkheim）[1]被視為現代社會學之父，他寫了一篇關於自殺的重要文獻。這是首次從社會學觀點進行的嚴謹研究，沒有任何其他社會學家對自殺的研究如此明確。根據自殺的統計數字，甚至是上世紀的粗糙數據，人們可以在某些年度可以預期特定的自殺人數，從這些研究更可以進一步預測自殺的類型、年齡與性別。這位社會學家知道翌年美國將有至少一萬八千人自殺，其中特定比例將發生在城市，特定比例是年輕母親，特定比例將會是溺死等等。

這些數字都非常可靠，讓自殺成為一種已成立的社會學現象，一種可獨立驗證的事實，不分年度，不分群體，不分地區。這是一種基本的社會事實，（因此，對社會學而言）無法研究這一年或下一年符合樣本中的個人。自殺是社會體的一種集體傾向，有它自己的存在，每年奪走特定的死亡人數來彰顯自身。

當特定的條件成熟，一個人就會有自殺傾向，然後嘗試行動。涂爾幹與後來的社會學家仔細分析過這些條件，覺得任何人都可能有自殺傾向，只要他進入了這些特定的社會條件，而這些條件在每個社會中形成了固定的變數。涂爾幹說：「死亡的原因是外在的，而不是存在我們內心，只有當我們進入了它們的活動範圍內才會生效。」（涂爾幹，p.43）

因為個人是陷於群體的自殺傾向中而自殺，所以自殺的行為無關乎道德與否，其中亦不涉及個人的選擇。自殺毋寧是一種社會學問題，讓我們從中得知社會的狀況。對社會學而言，這種情況永遠是負面的。自殺象徵著社會結構鬆弛，是群體連結的衰敗、瓦解。如此一來，自殺便是在攻擊社會學的根源隱喻本身。自殺是社會的公開敵人，必須反對與防治。

社會學堅持要干預問題，涂爾幹在此提出許多有影響力的建議。主要目標是把疏離的個人帶回到群體之中，不論這個人經歷了離婚或鰥寡、成功或失敗，因為個體的孤立導致自殺傾向。**社會學的自殺干預意味著使團體更加鞏固，當然也就加強了社會學本身的根源隱喻。**社會學家勤於研究自殺，原因便越見明顯。同樣明顯的是，要防止的並不是成為基本傾向的自殺，而是**個體性**（individuality）**所帶來的瓦解影響**。

如果自殺防治與個體化的防止是融合在一起的，心理分析師也就根本無需在社會學之中尋求立場。他從完全不同的角度來看待這一切導向孤立、個體性以及集體聯繫出現鬆弛的現象。

法律的根基

轉到對於自殺的法律觀點，我們發現西方司法體系有三大傳統宣佈自殺為犯罪：羅馬法律、教廷法律與英國法律。布萊克史東的《英國法律評註》[2]在一八〇九年的第十五版中寫著，因為自殺違抗了神與國王，「所以法律將自殺列為最高的罪行」。

防止自殺仍然是法律觀點的主要目標。布萊克史東建議一種方法來防止女性自殺，而且同時有助於解剖學研究；他認為，如果驗屍官能讓屍體「經過手術刀解剖切割，並公諸大眾」，不啻是「明智的法律」。約翰．衛斯理（John Wesley），第一位浸信會改革者，也有類似的創見。在一七九〇年，他也建議將自殺的女性遺體赤裸拖街示眾。毀損遺體是用來彰顯罪行嚴重的古老手段。直到一八七〇年，英國法律在防止自殺上，主要從死者的遺產下手，而不是對遺體。神智健全的人如果自殺，遺產將充公歸屬國王。直到一九六一年，英國法律仍規定死者的遺產將受到不利的處置；壽險除非事先約定，否則受益人將無法得到賠償。今日，自殺的協助者，或約好一起自殺的生還者，在許多國家會被視為犯罪的從犯。在美國某些州，自殺未遂仍被視為犯罪[3]。

社會學支持社會，法律代表司法正義。司法的原則來自三種關係：人與神，人與同胞，人與自己。政教分離，以及法律世俗化，已經把第一種司法關係大部分從現代法律中移除。第二種司法關係是關於社會契約的維護。家庭、國家機構、個體之間的合約，公民的責任與權利、財產的擁有，都需要法律的保障來維持穩定。法律保障這種穩定的方式，是把持續性加入到框架之中，讓轉移和未來可能發生的狀況得以平順進行。突然的死亡會撕裂框架，然後陪審團用各種方式來彌補：繼承權與頭銜、死亡條約、遺囑、遺產稅，諸如此類。法律文件也寫入了「天意」的條款，因為死亡最終被視為「天意」（force majeure）。但這樣的死亡，雖然突然，是外在的因素。如涂爾幹所言：「死亡的原因來自於外在，而不是存在於我們內在之中……」，法律似乎只審理從外在施加的「天降神兵」（deus ex machine）。自殺的死亡是來自個人內在，因此不是天意，而是單方的毀約。刻意撕裂框架，破壞了法律。

第三種司法——人與自己的關係——從來沒有成為正式的法律條款，除了保護個人因為他人侵占而失去了這種與自己關係的權利。個人自由的保障讓人能擁有內在的司法，但沒有說明其本質。指示一個人是否應該拜神或如何思考、表達，甚至被視為違反了他的內在司法。大部分的大陸法，似乎將自殺視為未明文的權利。但就西方法律的三大支柱而言，自殺並不被當成是人與自己的關係，而是從外在來評斷，彷彿人首先屬於神以及國王，最後才屬於自己。我們再次被告知，人不能同時服從自己的個體特性以及神與社會。

法律並不認可自殺為需要保障的權利，如保障自由與財產那樣；然而法律不是不允許他人侵犯一個人與自己的關係嗎？我們不是受到外界阻撓而不得遵循我們自以為的命運嗎？法律不是命令我們要活下去嗎？

的確是有以人際之間或社會之名來干預個人內在的司法。英國的法律傳統認為，在所有的兇殺中，唯有自殺是沒有任何理由或藉口的。自殺（在一九六一年以前）一直被視為重罪，一種謀殺；而自衛、公眾司法的處決與防止犯罪，都是有理由的兇殺。意外致死、因緣巧合、抗拒非法拘捕以及保護自己（例如抵抗強暴），都是可原諒的兇殺。換言之，司法傳統一直都是：我們或許可以基於許多理由、用許多方式殺人，卻不算犯法。但對於自殺，我們不管在任何情況都沒有理由或不可原諒。我不能當「我自己的劊子手」。在某些情況下，我可以得到公眾司法的許可去殺人，但只有公眾司法能容許公民離開其規範領域。法律並未成立法庭來審理自殺的請求，所以人們無法以刻意尋死來退出社會契約，除非犯法。犯下自殺的人是有罪的，永遠無法證明自己無辜。一位接受傳統法律觀點的心理分析師永遠無法讓自殺合理。

法律留下一個漏洞——發瘋。藉由抹除第二種司法的適用性，法律騰出空間給第三種。認定一個人不再有法定資格接受以理性為根基的社會契約管束，他的死亡就不會撕裂框架。他不再被納入司法框架；他的言語與行為都在框架之外。對理性的社會而言，他已經算是死亡了。

這意味著在最糟糕的情況下，司法是靠污衊人格來執行。為了免於被認定是謀殺者，就必須被認定是瘋子。說法是：「他的心智平衡受到擾亂」。結果，「清醒」的自殺被噤聲，或被偽裝成意外。

這是否也是心理分析師的下台階？幾乎不是，因為他的任務是為個人行為找回清明神智，並瞭解其理由。一旦同意這種法律意見，就等於將一切的差異拖下水，宣佈所有自殺皆瘋狂，不管每個人內在所顯露的狀況如何。

宗教的根基

為了尋找自殺禁令與用法律、社會角度來防止自殺的根源隱喻，我們必須求助《聖經》。宗教法律先行於世俗法律之前，十誡中的「汝不可殺人」（Thou shalt not kill）為法律與神學觀點提供了根據。

聖奧古斯丁在他的《上帝之城》[4]一書中，檢視了猶大（Judas）及盧克麗莎（Lucretia）的自殺與此誡的關係，盧克麗莎是為了貞節而自殺的羅馬女子。奧古斯丁嚴格地詮釋此誡。它的意義就如同字面所示；不能修改而假設神對摩西說：「汝不可殺**其他人**」。自殺就是一種兇殺，正如法律所主張的。如同我們可以說法律命令我們要活下去，神學也命令我們要活著。

若要符合奧古斯丁的詮釋，基督教義也應該包括和平主義與素食主義。但神學就像法律，准許某些形式的殺人，比對待自殺更為寬容。例如，「不可殺人」之誡在死刑、屠宰動物與戰爭時，就被豁免。但是，自殺被視為罪行殆無疑義，**神智清醒**（sui compotes）的自殺不能在羅馬教堂中舉行教規葬禮。但不僅是羅馬教廷如此，以基督教會美國委員會（American Council of Christian Churches）為代表的新教基本教義派，通過決議案譴責聖公教會贊成廢除英國對於自殺的法律（一九六一）：「自殺導致的死亡終止了一切懺悔的機會。全能的神創造生命。生命是屬於神的。謀殺，包括自我謀殺，都觸犯了神的法律。」

為何神學擔憂自殺超過任何其他殺戮？為何神學如此堅持？

神學的觀點來自於創造論。「全能的神創造生命，生命是屬於神的。」我們不是我們自己的創造者。第六誡遵循了第一誡與第二誡[5]，把神放在第一位。我們不能輕生，因為生命不是我們的。生命是神的創造，我們是祂的創造物。選擇死亡，就是拒絕了神的世界，否定自己身為被創造之物。自己決定何時離開生命，等於展現出醜陋、自大的驕傲。如此一來，人等於在從事只有神可以決斷生死的審判工作。因此神學家認為自殺是**叛教**之舉，因為此舉否定了神學本身的基礎。我們來研究一下這一點。

神學是研究神，神學的專家就是神學家。神學對於神與宗教的訊息具有權威性。當你或我考慮自殺時，聆聽我們自己與神的溝通，我們就不再遵循權威。我們自己成了神學家。我們獨立研究神。這很可能會導致宗教妄想與神學上的混亂失控，每個人有自己的神、自己的教派、自己的神學。然而，一個人能如何以其他方法去發覺神的無所不在？或體驗人的靈魂是神的殿堂這個神學概念？《傳道書》（*The book of Ecclesiastes*）說死有其時。如果神知道這個死期，要如何告訴人呢？**神學要我們相信，神只能透過命運中的事件來傳達訊息，因為死亡只能來自於外**。再次，如同社會學與法律的觀點，死亡必須是外在導致的，經由世界發生在我們身上，例如：敵人、意外或疾病。我們內在並不具有死亡；死亡並不是來自於靈魂。

但神難道不會透過靈魂來發言，或透過我們自己的手來強烈要求行動？難道這不是神學的傲慢，限制神的全知全能，認為死亡的方式不能威脅到神學的根源隱喻？因為自殺所否定的不是神或宗教，而是神學所主張的死亡以及死亡必須遵循的形式。自殺顯示人不畏懼神學的古老武器：來生與最後審判，藉此給予神學警告。但神學不予以理會，因為自殺是反神學，所以必然是非神或非宗教的。自殺出自於內在，難道不也是神宣佈時間到了的一種方式嗎？如大衛·休謨[6]在他的短文〈論自殺〉（On Suicide）中寫的：「當我舉劍自刎時，我接受了我的死亡，如同來自於神之手，藉由一隻獅子、一處斷崖或一場熱病。」

猶太教祭司的思想，以及羅馬教廷聖阿波羅尼亞（St. Apollonia）的前例，則顯示了宗教上對自殺的合理化。在早期的殉道者中，阿波羅尼亞（逝於西元二四九年）自焚而死，後來被封聖，因為她是為了神而死。這與其他許多基督教殉道者相反，這些殉教者雖然是故意投向屠殺者，但絕不會擊殺自己。以自殺來殉道一直是猶太教的立場。不願意在壓力之下做出三大重罪——崇拜偶像、亂倫與謀殺——自殺便是正當的。自殺成為一種殉道，為了神的神聖而犧牲。換言之，連神學都可以讓自殺合理，只要此舉與神有關、帶有宗教的性質。然而，只有神學教條能決定什麼才是（或不是）為了神的神聖。因此是由教條來決定一個宗教行為的意義。

決定一個行為是否只是神學上的罪，或完全非關宗教信仰，不是根據教條，而是根據靈魂的證據。但教條已經做下了判決。神不是只由神學教條來界定，但可能、也的確同時透過靈魂來顯現祂自己，因此**自殺是否合理要從靈魂來看**。換言之，心理分析師不能期待神學的幫助，而是要回來從他自己的立場面對問題。

醫學的根基

最後，讓我們看看藥物與醫生。對醫生最重要的告誡是：「首要之務為不造成傷害」（primum nihil nocere）[7]。他的任務是防止疾病；要處置、療癒、盡可能治好；要永遠要給予舒緩；要補救與鼓勵；要減輕痛苦；要發現並對抗疾病——全都是為了促進身體安泰，也就是，生命。任何違反這些目標的，都必須被否定，因為那樣危害到了根源隱喻：促進生命。這些目標可能彼此衝突，例如治療時可能產生痛苦，或使療癒受到阻撓，或嗎啡的舒緩會帶來疾病；所以這些目標設有先後次序。但最優先的總是促進生命。

醫學的成功標準，也就是是否促進生命，是由醫療行為來判斷。醫生主要是倚賴生理活動的量化標準，如脈搏速度、體溫、新陳代謝、血球數與血壓，還有更仔細的內分泌與體能分析。醫學上要促進的生命是有機生命，身體的生命。他以身體來詮釋他的準則，「首要之務為不造成傷害」，思忖自己的行為是幫助或傷害身體的生命。治療對心靈造成的效果，並不是他目標順序上優先的關切。

因此，基於這個目標之名──促進生命──醫生也就有了正當理由使用一切方法來防止病人自殺。我們並不在乎為了方便訊問一個決心要自我毀滅的人，醫生在其間所採取的方法，包括拘捕、鎮定、隔離等，是否會傷害到這位我們想要幫助的人的自殺。醫學模式本身支持標準的規則：任何自殺跡象、任何死亡威脅，都要立刻加以禁閉、用藥、時時監控──這些處置通常是用在罪犯身上。

如今人們一般並不期待現代的醫生對病人的靈魂感興趣，除非這個病人的心理妨礙到了生理健康。心理治療本身並不被建議做為治療的目標，而是用來達成醫生所認為的完善生理功能。他會盡量降低心理所造成的干擾，以維護健康的生理系統功能。醫生同意生理健康這個最終目的是整體健康的基礎——文化上、社會上、心理上的健康。但他仍專注於立即促進生命，就像一個好園丁，他注意物質的情況，而其中可能有望栽培出心理的花朵。

他的任務不是這個心理的成長，也不是用心理來衡量行動。他的成功標準完全以身體功能來衡量。只有可以量化的現象才能衡量。總括醫學在促進生命上的最高成就，可以成為醫學衡量的代表的，就是壽命曲線圖。**促進生命變成了延長生命**。當一個病人「好轉」了，意味著他「活得更久」。改善牽涉的是數量變化，而醫學被引導到這個等式：好生命等於活得更久。

但生命的延長就是死亡的減少。因此促進生命也意味著延遲死亡。死亡，是醫學無藥可醫的病症，也是整個醫學體系的大敵。而自殺，使病人無法再接受醫療，於是成為要搏鬥的主要狀況。照顧病人的生命時，醫生現在往往只專注於一個面向——存活的久暫。最後連生命的舒適也都犧牲了，因為醫生有義務使用一切可用的武器來延遲死亡。但是，不管如何，就算最好的身體過著最健康的生活，也是每天都邁向死亡。

醫生的任務被詮釋為促進生命，比較不關切自己醫療行為的心理效果，醫生要如何客觀地處理自殺的問題呢？他的職業義務讓他執著於一個教條，正如任何神學家擁護自己的信仰教條一樣。他的根源隱喻在今日的詮釋下，不容許他有任何其他選擇，只能盡一切力量來延長身體壽命。自殺縮短了生命，因此無法促進生命。醫生無法與病人一起去探索死亡。死亡成真的風險迫使他後退。**醫學的根源隱喻讓醫生堅持一個有意義與高貴的觀點，但面對自殺的探索時就**

碰到了極限。自殺意味著死亡，是大敵。醫學的思考模式對於自殺未審先判。自殺在醫學上只能被當成一種病症、一種異常、一種異化，要以預防的觀點來處理。

對死亡的根本恐懼

這四種與自殺最有關係的領域，其所採取的模式對心理分析師毫無幫助。它們全都對自殺預設了判決，部分因為自殺威脅了它們立足的根源隱喻。因此，它們具有共同的特徵。它們關切的主要是預防自殺，因為它們的模式帶著些微對死亡的恐懼。這種恐懼來自於它們目前的思維模式沒有足夠的位置容下死亡。它們認為死亡來自於生命之外，而不是在靈魂之內，不是時時存在的可能性與選擇。若是承認這一點，就等於承認自殺，因而危及它們自己的基礎。屆時社會、法律、教會或生命都不再安全了。

從社會學、法律、神學與醫學的觀點來看，自殺防治是一個合理的目標。這在所有方面都可能是正確與必要的，除了一個地方：在心理分析執業中遇到的自殺風險者，這在數量上相對較少。傳統的方式有其站得住腳的部份，而且當然非常古老；然而，自殺仍值得從完全在那些領域之外的觀點來審視。某些思想家便這麼做，較出名的有鄧恩、休謨、伏爾泰[8]、叔本華[9]，但他們不夠現代。他們缺乏心理學方面的觀點，因而誤將這些領域本身的根源隱喻視為目標，而不是爭論來自於這些隱喻的自殺概念。換言之，自殺是否和模式本身是不相容的？若是如此，自殺防治就只不過是對自殺抱持偏見的一種偽裝，所根據的反而是對死亡的根本恐懼。自殺防治若是一種預設的判決，而心理分析師反對的理由是，如果如此，將無法使人視自殺為一種心理事實來加以了解；而這樣並不代表他因此而「贊成自殺」。再次，**問題不是在贊成或反對自殺，而是自殺在心理上的意義**。

因此我們的任務是別的：弄清楚心理分析的觀點。到這裡已經足以確認，心理分析師無法向醫學同事那裡借用解決方法。那些同事雖然可能彼此支持，但對於每日工作中都可能面對自殺狀況的心理分析師而言，這都是完全無助於他的探求。

心理分析觀點必須獨立於那四種領域之外，因為自殺顯示了這種心理獨立於社會、法律、神學甚至身體生命的狀態。自殺對它們是一大威脅，不僅因為自殺完全不理會它們的傳統所發出的警告，反對它們的根源隱喻，更大的原因是，自殺強烈主張了靈魂獨立的現實。

註釋 NOTES

1 涂爾幹（Emile Durkheim, 1858－1917），法國猶太裔社會學家、人類學家，與卡爾．馬克思及馬克斯．韋伯並列為社會學的三大奠基人，他的四部巨著被視為社會學的基礎著作，對確立社會學為一門獨立學科做出巨大的貢獻。

2 威廉．布萊克史東爵士（Sir William Blackstone, 1723–1780）為英國十八世紀法學家，其名作《英國法律評註》（*Commentaries on the Laws of England*，一般僅稱Commentaries），將英國習慣法用簡明易懂的文字匯編成四大巨冊的分析解說，對英美的案例法系影響深遠。

3 根據美國心理學會（American Psychological Association）「促進心理治療社團」（The Society for the Advancement of Psychotherapy）網站上的一篇文章，現今美國並無法條明訂自殺為違犯法律，然而協助自殺仍屬犯罪。但奧瑞岡州與華盛頓州已先後允許醫師在一定條件下可以協助末期病患安樂死。二〇一五年加州也通過《加州自願終結生命法案》（*The California End Of Life Option Act*），並於二〇一六年六月九日起生效。

4 聖奧古斯丁（St. Augustine）為古羅馬帝國時期基督教思想家，歐洲中世紀基督教神學、教父哲學的重要代表人物。《上帝之城》（*City of God*）第一卷第十七章，替受到玷污卻沒有自盡的處女盧克麗莎辯護，認為她們是不願用自己的罪行來逃避別人的罪行，因為殺死自己等於殺死一個無罪的人，這比殺死施暴者的罪更重；猶大的自殺則逃避了自己該受的譴責，加重了他的背叛罪。

5 摩西十誡的內容在不同宗教、教派、教會中略有差異，若以基督教為例，第一誡為「不可拜耶和華以外的神」，第二誡為：「不可製造偶像與拜偶像」，第六誡為：「不可殺人」（Thou shalt not kill）。

6 大衛．休謨（David Hume, 1711–1776），蘇格蘭哲學家、經濟學家和歷史學家，被視為蘇格蘭啟蒙運動以及西方哲學歷史中最重要的人物。他首倡不可知論，對感覺之外的任何存在持懷疑態度，對外部世界的客觀規律性和因果必然性持否定態度，這種懷疑論為十九世紀英國非宗教的哲學思想提供了理論。

7 這是希波克拉底誓詞的第一條。希波克拉底誓詞俗稱醫師誓詞，是西方醫生傳統上行醫前的誓言。希波克拉底為古希臘醫者，被譽為西方「醫學之父」。

8 伏爾泰（Voltaire），法國啟蒙時代思想家、哲學家、文學家，啟蒙運動公認的領袖和導師。他的《哲學辭典》中透過案例研究來討論自殺，指出城市與農村在這方面的差異，並認為自殺具有遺傳性，也指出某些自殺的目的在於報復他人。

9 叔本華（Arthur Schopenhauer），著名德國哲學家，他認為世界的表象都是意志的客體化，而意志永遠表現為某種無法滿足又無所不在的欲求，由於自殺行為彰顯了意志本身，所以他不贊同自殺。

【第三章】

自殺與靈魂

所有談到自殺問題的作家，似乎都同意法布羅[1]與施奈德曼[2]在他們編輯的《呼救》（*The Cry for Help*）所說的：「任何對自殺的完整科學研究，首要工作就是將自殺進行分類，也就是區分自殺類型。」所以現在關於自殺的用語非常混亂。有稱為病態的，或恐慌的、利他的、無秩序的（anormic）、自大的、被動的、慢性的、次意識的（submeditated）、宗教的、政治的等等。自殺也牽扯到氣壓、太陽黑子、季節與經濟上的變化，還有生理上的情況，如遺傳、懷孕與月經。人們也研究了自殺與肺結核、瘋瘋、酗酒、梅毒、精神症狀、糖尿病的關係。在學校、軍隊、監獄中，都有關於自殺的出版品。統計調查以年齡、性別、宗教、種族、區域等分類，列出每十萬人的自殺比例。文化調查顯示不同的時間、國家對自殺的態度差異，且自殺類型與頻率會隨著不同的歷史時期與其文化對人生信念的改變而改變。

我們讀到了集體的自殺：十四世紀中歐的瘋狂舞者；十七世紀俄國的村民集體撲向火焰；二十世紀日本的女孩們躍入三原山的火山口。我們也聽說戀人們一起尋死，從某座橋、某座教堂、某座山或高塔躍下。或是整個小鎮、教派或聯隊戰至最後一人也不願投降。我們知道約翰．鄧恩所寫的基督教殉道者：「許多人受洗是因為將被燒死」，所以殉道顯然是通往天堂之路。《聖經》中的參孫說：「讓我跟菲利士人一起死。」然後他將房屋推倒在他與敵人身上；《聖經》也提到猶大，第一個現代人，他「上吊而死」。我們讀到這些故事，但我們瞭解嗎？對一個心理分析師有何幫助？

或者，看看個人的自殺，我們可找到各種的報告：佩特羅尼烏斯[3]以伊比鳩魯學派[4]的作風隨性地切開與封住血管，最後一次放血時還跟朋友聊著天；塞內卡[5]與蘇格拉底，他們皆失去了寵幸，自行處決了自己；古代報告裡的自殺，包括達達尼爾海峽（Hellespont）沿岸古希臘女祭司赫洛[6]、納瑞圖岩岸（Neritos）上的莎芙[7]、埃及女王克麗歐佩翠拉[8]、伊底帕斯[9]之母與妻伊俄卡斯特[10]、跟隨布魯特斯[11]自殺的波提亞[12]、跟隨塞內卡自殺的波麗娜[13]；較近代的有，哈特．克萊恩[14]、賀伯．席貝瑞[15]、湯瑪斯．貝杜[16]、西薩．佩維斯[17]、維琴妮亞．伍爾芙[18]，以及社會名流與勇於開創的人士如康多賽[19]、卡斯特瑞格[20]、佛瑞斯塔[21]、溫納[22]、瓦加斯[23]、海明威[24]、諾貝爾獎得主布里奇曼[25]與鬥牛士貝爾蒙提[26]。

我們要如何解釋這些自殺：卡爾．馬克斯（Karl Marx）的女兒，以及尤金．歐尼爾（Eugene O' Neill）、湯瑪斯．曼（Thomas Mann）、羅勃．佛斯特（Robert Frost）、賀曼．梅爾維爾（Herman Melville）他們的兒子們？

還有每年數百名孩童自殺——既不是精神失常，也不是遲緩，不是貧窮，有些還不到十歲？

再次，設定我們自己的分類描述、我們自己的型態學，是否能讓我們往前？例如，我們可以提出**集體**自殺，呈現為一群動物驚慌成群自投死路、一個兵團的英勇衝鋒或娑提（suttee，譯按：印度婦女殉夫的習俗）這種自殺儀式。還有一種集體自殺是成為政治刺客或神風特攻隊的飛行員；日本的男人是切腹，女人是割喉；以及自殺人數令人咋舌的Ardjiligjuar族愛斯基摩人，其為加拿大全國自殺比例的六十倍。

另一種類型是**象徵型**自殺。可能在公眾之前以怪異的方式進行，如喜歡自我表現的希臘哲學家佩瑞格諾斯[27]在奧林匹克運動會的熱情觀眾面前自焚。這些模式可能有精神症狀，如自殺的人會奉獻自己的身體，象徵性地追隨一種支解身體的原型或宗教殉道。有些有強迫症狀的性質，這種驅力的堅持幾乎與酗酒或毒癮一樣。個人被內在的需求驅使，要找到自己的特殊象徵性死亡；各種可能的方式都有人嘗試：飲下石碳酸溶液，吃下玻璃或毒蜘蛛，把煤油倒在身上然後點火，吞下爆竹然後點燃引信，溜進獅子的洞穴……。

我們還可以歸類出**情緒型**自殺，被一種強烈的熱情所驅使。這可以是為了報復敵人，讓別人痛苦；在充滿挫敗的憤怒下，藉此操控世界；因為破產而蒙羞，且因公諸於世而感到羞慚；因為內疚與良心而自殺，或由於極端的恐懼，或憂傷於年華老去、孤獨、被拋棄、哀傷、麻木、空虛、沉溺於絕望，以及因為失敗而感到絕望，尤其是愛情的失敗。還有因為成功而自殺，從顛峰一躍而下。情緒型自殺也是「救救我」的自殺性呼喊，是殺人或被殺的自殺需求，或愛與死的陶醉融合，一種模仿神（imitatio Dei）的自我犧牲，也包括為了逃避刑求或疾病，或逃避監禁、成為戰俘等等一切所帶來的肉體痛苦。

然後，還有**理智型**自殺，為了對某個志業、原則或團體保持忠誠。我們必須區分絕食抗議與禁慾式自殺，後者是為了追求涅盤，以及早期教會神父會贊成的殉道。或許蘇格拉底與塞內卡也可以算在內，還有虛無主義的自殺、革命的自殺以及荒謬的自殺。

自殺對個人的意義

心理分析師從這些不同類型可得到的廣泛結論是：自殺是人性的一種可能。死亡可以被列為選項之一，這個選擇的意義因情況與個人而不同。就在這裡，案例與分類結束，心理分析的問題開始。一個心理分析師關心的是自殺的個人意義，這是分類中找不到的。心理分析師進行工作的前提是，每個死亡除了分類之外都有其意義，而且或多或少都可以理解。他對自殺的態度就像對待在他領域中的任何行為，例如怪異的思覺失調症（即：精神分裂症）或功能性的身心症狀（psychosomatic）。他假設行為有「內在」的意義，進入問題之內就可以瞭解其意義。

這種態度是心理學的。或可以說，靈魂是其第一前提或根源隱喻。就算外在行為極為典型並可從社會學來加以分類，但心理分析師主張每一件自殺都有不同的意義，藉此便有理由去試圖瞭解與自殺有關的個別的性格，從而能夠瞭解自殺。他把所有人類事件都歸因於意圖（intentionality）。他追尋的是意義。

外在行為通常是典型的。從外在看來，每一個死亡就只是死亡。看起來都一樣，而且確實可以從醫學與法律加以界定。當自殺被描述為一種行為，定義為自我毀滅或展開任何可導致自我毀滅的行動，所有的自殺就只是自殺。選擇這種死亡的個體就成為了「自殺者」。從外在來看死亡的話，有什麼地位留存給個體的靈魂以及靈魂對死亡的體驗？死亡的意義何在？悲劇有何可言？致死的毒刺（death's sting）[28]在何處？

對自殺的研究越科學化，就必然越從外在來檢視。因此，分類對於精神醫學、社會學或任何想要瞭解人類行為的領域，是很大的陷阱。從內在轉向外在去探討的例子，可在施奈德曼的研究中找到，他在自殺研究的領導地位是公認的。他與他同僚都非常著迷於分類學，刻意把「自殺」與「死亡」等字眼換成「自我毀滅」、「終結」、「停止」、「賽德」（Psyde）[29]——這些字眼都消除了情緒，清理了心理生命。他們從案例研究與診斷分類去尋索自殺的所有研究，都只有無關緊要的瑣碎成果。他們分析自殺遺書之後提出結論，認為錯誤的推論（「混淆的自殺邏輯」）是主因，而且自殺是一種「心理語義學的謬論」（psychosemantic fallacy），這種分析簡直是喬伊斯風格（Joycean）[30]的拙劣模仿，只是過於可悲、過於病態、過於心理學典型的科學情結。

然而，所有的研究都必須從外在觀察現象，不然就無法普遍適用，也不會出現如「自殺」與「死亡」等有用的字眼。況且，人們也可以爭辯說，根本無法從「內在」來研究任何東西，主觀與客觀之間永遠存在著一道「裂縫」。沒有外在的分組與歸類，每一個行動就都是獨一無二的；如此一來我們就無法預測，無法記錄知識，無法學習。心理治療中的主要議題——偏差行為、酗酒、心理變態、年老、同性戀——都是如此形成的概念。「神經症」[31]這個名詞，以它所隱含的所有形式、症狀與機制，代表著一個凌駕個體差異性的「外在」字眼。**心理分析師所關心的是維持與內在的聯繫，不要失去他的根源隱喻**。不然他會開始把他的病人當成某個分類中的例子，只想解決偏差行為、心理變態、同性戀等等，然而他真正的任務卻應該是針對展現出典型外在行為特徵的個人靈魂。典型的外在並不意味類似的經驗。「酗酒者」、「偏差行為者」、「心理變態者」並不會以同樣的方式經歷到典型的行為。不同的人有不同的行為意圖。關於自殺的著作（上述僅是摘取簡要）顯示了複雜的情況與目的，無法套上典型的外在行為型式，如投水自殺或沮喪自殺，或心智平衡被擾亂的自殺。

在偉大的心理學家中，只有榮格拒絕把人根據受苦來分類。他被批評為是失敗的，因為他對神經症沒有提出詳細與系統化的神經失調理論、病原學與療法。但這樣真的是失敗嗎？或許是他的道德感讓他獨排眾議，指出了僅僅對外在加以描述所可能發生的嚴重缺失。

一切皆攸關靈魂

心理分析師面對著問題，這些問題不僅是可分類的行為舉動，也不僅是疾病的醫學分類。**這些問題超過了所有經驗與受苦，是關於「內在」的問題**。病人首先想要心理分析師知道他受的苦，把心理分析師帶進他的經驗世界。「經驗」與「受苦」等字眼長久以來就與靈魂有關。然而，「靈魂」不是一個科學字眼，在今日的心理學很少出現，於是提及之時通常加上引號，以避免污染了無菌的科學環境。「靈魂」無法被準確界定，在現今所理解的科學討論中也不被接受。很多這類具有意義的字眼不被今日的科學所容。科學方法不接受，並不表示這些字眼的意義不真實。科學方法排除了這些缺乏操作定義的字眼，也不代表科學方法失敗。所有的方法都有其極限；我們只需要弄清楚其位置。

要瞭解「靈魂」，我們不能向科學尋求描述。周遭的脈絡最能提供明確的意義，而這些脈絡有些部分已經有明白的陳述了。心理分析師觀點的根源隱喻是，人類行為因為有內在意義，所以可以被理解。內在意義是受苦與體驗。心理分析師透過同理心與洞察力來理解。這些字眼是心理分析師的日常經驗語言，為心理分析師的根源隱喻提供了脈絡，也是這根源隱喻的表達。其他長久以來與「靈魂」有關的字眼，更能完整描述靈魂：心靈、精神、心、生命、溫暖、人性、個性、個體性、意願、精髓、最深處、目的、情緒、品格、美德、道德、原罪、智慧、死亡、上帝。我們會稱靈魂可能是「困擾的」、「古老的」、「脫離肉體的」、「不朽的」、「迷失的」、「無邪的」、「被啟發的」。眼睛被說成是「靈魂之窗」，因為眼睛是「靈魂的鏡子」；一個人若無情，就是「無靈魂」。大多數「原始」語言對賦予生命的法則有複雜的概念，人種學家將之詮釋為「靈魂」。從古埃及人到現代愛斯基摩人，「靈魂」對他們而言是個差異極大的概念，牽涉到一種具有強大影響力的現實。靈魂被視為內在的人，有如內在的姊妹或伴侶，是內在上帝的所在或聲音；有如一種宇宙力量，所有的人與生物都參與其中的力量；被視為由神所賜予，所以神聖；又有如意識，既多重而又整合，如和弦，如液體，如火焰，如能量流動等等。我們可以「追尋自己的靈魂」，我們的靈魂也可以「被審判」。有許多寓言故事描述靈魂被附身、把靈魂出賣給魔鬼、靈魂的誘惑、靈魂被詛咒與救贖、靈魂經過靈修而進化以及靈魂的旅程。有人試圖找出靈魂在身體上的特定器官或部位，在精液或卵子追蹤其來源，把靈魂區分為動物、植物與礦物等成分，對靈魂的追尋總是會進入某個「深處」。

靈魂與肉體之間的聯繫也有持續的爭議：它們是平行的；靈魂是肉體的附帶現象（epiphenomenon），一種內分泌；肉體只是無形靈魂所呈現的可見脈動；它們的關係是非理性且同共時性的，來來去去，消融分解，配合著靈性星座；它們是完全沒有關連；肉體是會死的，靈魂是永恆的，因為業力而轉世；每個靈魂都是個體，會消失；靈魂只存在於有意識的肉體；或者，靈魂就像單細胞生物，存在於所有的肉體，做為自然生命的心靈層級。

從邏輯、神學與科學的觀點來看，這些說法需要被證實或否定。從心理學的觀點來看，**它們全都是真實，都是由靈魂所提出的靈魂說法**。它們是靈魂用思維來描述自己（正如靈魂藉由詩與繪畫呈現出自己的互相牴觸與弔詭的意象）。這意味著在不同的時刻，這些說法反映了某方面的「身體—靈魂」關係。在某個時刻會同時發生，一切都吻合。在其他時刻，靈魂與肉體如此同一，例如在中毒或患病的狀況下，附帶現象有了真實地位。或在其他時刻，肉體的生命軌道與靈魂彼此徹底獨立而平行。於是我們必然得出一個結論：關於靈魂的說法，反映了提出說法的人的靈魂狀況。其中透露了個人自己的特定身心問題，這個問題似乎無止盡地與心理學以及與靈魂的謎題相糾纏，因為在哲學、宗教、藝術，特別是生命中生與死的試煉中，靈魂一直在詢問我們的，正是這個肉體與靈魂彼此有何關係的問題。

對於這個字眼的探討，顯示了我們在處理的並不是可以被定義的東西；因此，「靈魂」其實不是一種概念，而是一種象徵。而象徵，正如我們所知道的，是不能被完全掌握的，所以我們使用這個字眼無法全然沒有任何曖昧，即使我們知道這是讓意義變得可行、將事件轉化成經驗、愛來溝通的未知的人性因素。**靈魂是刻意曖昧的概念，抗拒一切定義，就像為人類思維系統提供根源隱喻的一切終極象徵**。「物質」、「自然」與「能量」說到最後都同樣含混不清；

「生命」、「健康」、「正義」、「社會」與「上帝」，這些為我們已然得知的觀點提供了象徵來源的字眼，也一樣曖昧。靈魂並不比其他不證自明的基本原理[32]更含混。儘管現代人對靈魂這個字眼感到不自在，它仍繼續在幕後，而且影響著深度心理學的觀點，以致於許多深度心理學家自己可能都會嚇一跳。

一個人在心理分析時呈現的是靈魂的受苦；在其中，意義被發現，經驗被分享，這個治療過程的意圖就是活生生現實的展現，而這現實無法有更好的理解，除了使用心理學的根源隱喻——心靈或靈魂。

「心靈」（psyche）這個字眼可以與「靈魂」互換使用，儘管我們為避免「靈魂」這個字眼的曖昧，而傾向採用比較生物性、比較現代的「心靈」。「心靈」比較是用來指稱與生理生命自然共存。另一方面，「靈魂」有形而上與浪漫的意味，和宗教共享了相同的領域。

「防治」無助於瞭解

簡言之，靈魂的根源隱喻，儘管既不準確又複雜，還是影響了心理分析師的立場，也掌管了他的觀點。如果心理分析師對經驗要加以理解，就要試圖找出這些經驗與這個人靈魂的關係。只從外在來評斷死亡，會限制了理解。沙特[33]甚至主張，我們永遠無法瞭解死亡，因為那永遠是別人的死亡；我們總是在死亡之外。因此，對自殺的探討會越來越像是心理學的驗屍，也就是單獨個案的研究，藉此來靠近心理學的觀點。檢視自殺遺書，詢問自殺未遂的人，以及社會個案的研究，都讓研究者更靠近死亡的意義，從內在來更瞭解自殺。

然而，這些探討基本上仍然是外在的，因為探討的是關於自殺的資訊，而不是關於那個人與自殺密切相關的靈魂。這類研究是為了找出自殺的原因，解釋自殺的動機。探討「自殺問題」所得到的解釋，可以產生「自殺防治」的處置方式。根據統計上的證據、個人側寫、深度訪談等等，心理分析師可以得到建議，他可以面對「自殺威脅」。奧地利的林傑[34]、美國的法布羅與施奈德曼以及英國的史汀格[35]，都是這條路線。他們主要的目標是防治自殺。他們的解釋與建議是為此目的服務。

因為目標是防治，他們也就無法充分地幫助心理分析師。心理分析師的任務是對靈魂現象保持客觀，接受事件而不抱持成見。這是他基於科學的開放態度。集體觀點——社會學的、醫學的、法律的、神學的——都斷言自殺是要加以阻止的。這種態度與恐懼控制了他們的研究，他們因此而不讓自己去瞭解他們本來想要解釋的議題。他們的方法排除了原本想要尋找的東西。**如果一個心理分析師想要瞭解靈魂的情況，他絕不能以防治的態度來進行**。

心理分析師的態度不是去防範這些經驗，而是去確認（confirmation）。他的欲望是要對這人所發生的靈魂狀態加以辨識，這樣一來，這些靈魂狀態才能在性格中加以實現，並有意識地活出來。他的存在是為了確認正在發生的事情——**不管發生的是什麼**。理想上，他不是去認可、責備、改變或防治。他或許在尋求意義，但這是從眼前呈現的一切去探索出來的，而不是遠離經驗本身。遠離了經驗，也就遠離了對於呈現出來的資料的瞭解。

因此，就算是最有用的自殺研究，一個心理分析師也得擺在一旁，這樣才能對當下的經驗保持開放。任何會對他對於個人在情感上的獨特理解產生干擾的，就會阻礙他瞭解一切。只有他能加以運用的知識，才能幫助瞭解。但來自當代的自殺知識通常無助於瞭解，因為其中有成見。當研究將自殺解釋為推論混淆的結果，就貶低了靈魂所承受的經驗，其解釋無法呈現自殺事件的嚴肅與重大。「心理語意學導致的謬論」這說法認為這樣對即將殺自己的人而言就有足夠的瞭解；然而心理分析師的任務，卻是要努力將他的瞭解帶去一個人的內在中能讓這一切變得有意義的部位。

瞭解絕不是一種可以概括一切群體現象。瞭解是根據同理心、親密的認識，以及深入的參與。瞭解需要靠靈魂的溝通，適用於人性的來往接觸；而解釋則是屬於自然科學的觀點。瞭解是嘗試停留在當下，而解釋是遠離此刻，回溯因果關係，或站到一旁去對照比較。特定事件往往被分類，以致每個事件獨特的與眾不同之處，便犧牲獻祭給一般基本知識的神壇了。

從內在去瞭解與從外在來解釋，這種觀點的差異把心理學一分為二。這是思想史上的老問題。任何只使用透過外在觀察得到的行為來解釋人類本質的心理學，根據生理學、實驗、機制、社會統計資料等等所得出的解釋模式，會跟另一種心理學獲得不同的結論。透過從內在來瞭解的心理學會運用不同的程序與概念，出發點也有所不同——屬於個體的。心理分析師必須謹記觀點的不同，**不然他會錯誤地想透過研究解釋來獲取瞭解**。他會想透過研究文獻來形成他對自殺的態度，而不是透過親身的觀察，以及他與另一人心靈上的溝通。他會倚賴空洞的解釋概念：「受虐狂」、「自我毀滅傾向」、「內化的攻擊性」、「部分自殺」、「死亡願望」、「原始退行」，以及諸如此類的概念。雖然他找到了反應模式、發現了機制，但他失去了靈魂。

深度心理學重新發現了靈魂，並將之置於探索的中心。現在因為來自學院派心理學的壓力，深度心理學有再次失去靈魂的風險。學院派心理學汲汲於像物理一樣科學化，單方面地選擇了「外在」的取徑，靈魂便無法在唯一以它為名而對它進行研究的學術領域中找到一席之地。於是深度心理學或多或少被排除在正式心理學的學院之外。想進去，就必須服從它的觀點、它的語言、它的發現。於是就要用實驗方法來證實臨床發現；必須把臨床的瞭解轉譯為令人陌生的自然科學語言。簡言之，進入學院的代價就是失去靈魂。但沒有深入研究個體靈魂意義的心理學，就無法瞭解如自殺這樣難倒正式心理學的問題。深度心理學是學院所排斥的基石。它將來有一天可能會成為任何科學化心理學的關鍵，因為瞭解人性必須開始於靈魂，並使用最適合研究對象的方法。心理學的原文意味著「靈魂的邏各思」（logos of psyche），也就是靈魂的發言或訴說。因此，心理學必須是深度的，因為如我們所看到的，靈魂是指內在，深處。心理學的邏輯必須是瞭解的方法，能夠訴說靈魂，以靈魂的語言來與它溝通。**心理學的瞭解越深，也就是進入由神祕「述說」**（tellings）**這種原型語言來表達的共通的內在意義，就一方面越有科學的準確性，另一方面則越有靈魂**。

瞭解自殺所涉及的神祕幻想

為了更接近自殺的問題，首先讓我們試著瞭解死亡所牽涉到的這個個體的生命。我們以個體來開始，而不是概念。個體的性格當然部分是有意識的，部分是無意識的，所以也必須探究個體的無意識。事實上，若沒有完整探究自殺者的內在神話（如夢、幻想、統覺模式〔apperceptional mode〕）[36]，就不會得到完整的面貌。本章開始時提到的所有自殺理由——集體型，情緒型，理智型——根本沒有深入到表面之下，沒有進入死亡的內在。因為自殺是進入死亡的一種方式，而且進入死亡的問題會開啟對人類靈魂的深入幻想，所以**要瞭解自殺，我們需要知道這當中涉及了什麼樣的神祕幻想**。再次，心理分析師的立場最能夠得到較完整的瞭解。

然而，這是有爭議的。反對從心理去瞭解個體自殺的，不僅來自於採取「外在」立場的社會學（我們已經看過其論點：去鑽研構成自殺數據的個案是無用的）。反對也有來自於採取「內在」立場的。根據沙特所言，最能夠瞭解死亡的人是死人。這意味著自殺是無法理解的，因為可以解釋的人已經不在了。這是一種錯誤的弔詭悖論，我們必須更詳細觀察這個十分極端的內在立場。我們必須好好想一想這是否真的：只有每個當事人才能瞭解及說明他自己的生死。

能說明自殺的人，如蘇格拉底與塞內卡，是很少見的。一個瞭解自己神話的人，能夠清楚跟隨自己的模式，感覺到他的死期，並說出來，這在人類的歷史上很不尋常，非常稀少。他們的覺察把他們自己變成了傳奇。平凡人對自己的行為瞭解很少，而且**因為死亡通常讓人感到驚訝，所以死亡似乎無來由地出現**。畢竟我們與自己內在的死亡聯繫微弱，死亡似乎是外來力量的襲擊。一如往常，我們自己內在無意識的一切，似乎無來由地出現。我們盡力把自己片段的行為加以察覺，但我們比較常讓我們的神話主宰自己，而不是活出我們自己的神話。我們無助於瞭解與說明我們自己內在的生命，最好的例子就是我們面對夢所遭遇的難題。

要兩個人，人們才能詮釋夢境。除非有一種法典編輯系統，如古埃及的赫拉波羅解夢書（dream book of Horapollo）或現代佛洛伊德派的解夢書，否則夢是謎語。某些人直覺便會產生點滴的訊息，其他人則必須靠訓練；但故事無法單獨靠被分析者或心理分析師來解開。這是一種對話的過程；**瞭解是需要一面鏡子的**。心理分析師越是進入個案的「內在」，對另一人的靈魂熟悉到有如它的鏡像一般，他就越能瞭解夢境。對自殺也是如此。但如果他太靠近，就也是所謂的反移情認同，他就無法再反映，因為他會變得太像對方。他與對方一起來到無意識的空間。鏡子黯淡了，對話消失了。心理分析師需要一腳在內，一腳在外。這種立場在心理分析的關係中是很獨特的，非常難以達成，需要多年的個人心理分析與專業訓練。這種紀律足以和科學相提並論，所需要的客觀雖然不同於自然科學的客觀，但意義是相當的。我們在本書第二部將更完整討論。

心理分析師同時處於「內」與「外」，意味著他是站在更好的位置來瞭解與說明另一人的心理。他可以跟隨模式，因為他同時就在那模式裡觀察著，而另一人通常只是被困在模式內。**因此他比自殺者更能夠瞭解自殺**。與沙特說的相反，死人並沒有接觸自己死亡的特權，因為他對於這個死亡的部分意義一直是無意識的。只有透過對話的鏡子才能浮現為意識，而心理分析師便是為進行此程序而受訓練。

心理分析師的瞭解也許有防止的效果，但這種瞭解也許無法產生解釋，或提供資訊讓他人來幫助瞭解原因及防止。他的瞭解是透過對靈魂死亡那一刻的情況加以領會；但由於這種獨特的關係，他的瞭解與說明無法用證據來證實。他只有孤單的一個人。

這種孤立狀況是從靈魂來看問題的艱難之處，也讓心理分析成為有創意的孤獨任務。正如一個人的自殺無法從集體狀況來瞭解，無法只從意識動機或陌生的思維系統來詮釋，一個心理分析師對自殺的瞭解也無法透過集體狀況來瞭解。透過瞭解所獲得的，並不是一種可普及於群體的現象。心理學仍在等待這種瞭解可以被解釋的一天。心理分析是唯一處理人性與靈魂的職業，除了靈魂之外沒有其他立場。沒有比心理分析本身更高的權威，也沒有任何像醫學、法律或神學等等從外在立場抗拒死亡、並尋求防治之道所採取的修補觀點，包括醫學、法律或神學自身。

心理分析對於心靈並非「外行」

用來評判自殺——或心理分析的任何事件——是否正當的規則，無法摘要列舉出來。這樣做的話就等於為了外在而放棄了內在。這意味著我們不再想瞭解個體事件的獨特，而去尋找行為模式，對行動加以分類。然而，對瞭解的注重並不意味著瞭解即原諒（tout comprendre, tout pardonner）。瞭解並不意味不管發生什麼都抱持著同理心束手旁觀，只是接受，不給予任何指引。心理分析師對於正當性有著自己的評判標準。這些評判標準主要來自於**對「死亡時的心靈意識」所進行的評估，而這意識是和形成行為層面之原型次結構所產生的無意識客觀過程有所關聯的**。因此，心理分析的瞭解需要這些客觀心理程序的知識。面對自殺風險所需具備的知識，十分弔詭的是關於最不可知的死亡。這個知識不屬於醫學、法律或神學——這些領域無論如何都是由抽象所構成。這個知識毋寧是關於死亡的**經驗**，是靈魂在死亡之時的原型背景，是關於這背景的意義、意象與情緒，以及它在心靈生命中的重要性，所以我們可以試著瞭解出現自殺危機時所經歷的經驗。心理分析師做出判斷，試著準確執行，遵守倫理，如其他科學家。就算他的規範只來自於自己的領域時，也與其他科學家無異。

心理分析師要如何瞭解死亡經驗，並延伸到面對自殺，這一點我們很快就會談到。我們已經試著劃分出心理分析師的模式與其他不符合心理分析師志業的模式。當他離開了靈魂，並遵循神學、社會學、醫學或法律道德的規範，他就變成了門外漢，他的意見也成了外行的意見，不再是根據訓練與觀察所得的心理資料而建立的科學判斷。身為一個人，心理分析師實際上是與生命的現實唇齒相依的。他參與了社會、法律、教會與物理的現實。即使他的職業也受到集體認可與信任，但那僅僅是因為這個職業是建立在不確實的醫學模式上的。然而他的志業是關於人類個體之中的靈魂。這個召喚讓他以及病人處於隔離狀態，在其中，十分弔詭地，給予他職業認可的集體性暫時擱置了。

然而，只要心理分析師對心靈保持真誠，他就不是外行的。他有他的立場，而這個立場有著容納死亡的空間。

註釋 NOTES

1 法布羅（N. L. Farberow, 1918–2015），美國心理學家，現代科學方法研究自殺行為及防止的先驅之一，開啟了「自殺學」（Suicidology）的研究。一九五八年與施奈德曼及另一位精神科醫師萊特曼（Robert Litman）共同成立洛杉磯自殺預防中心（Los Angeles Suicide Prevention Center），為美國第一個針對自殺進行研究並提供危機處置的機構。

2 施奈德曼（E. S Shneidman, 1918–2009），美國臨床心理學家、自殺學家、死亡學家，被稱為「美國自殺學之父」。曾在加州大學教授死亡學（Thanatology）。

3 佩特羅尼烏斯（Petronius, 27–66），羅馬帝國朝臣、抒情詩人與小說家，生活於羅馬皇帝尼祿統治時期。

4 伊比鳩魯學派（Epicurean style），以伊比鳩魯的學說為基礎，創建於西元前三〇七年的一個哲學思想體系。伊比鳩魯是原子論唯物主義者，擁護德謨克利特的理論。他不採信決定論，反對迷信、否認神的干預。

5 塞內卡（Seneca, 4–65BC），古羅馬時代著名的哲學家、政治家、劇作家。曾任尼祿皇帝的導師及顧問，六二年因躲避政治鬥爭而引退，但仍於六五年被尼祿逼迫，以切開血管的方式自殺。

6 赫洛（Hero），古希臘時代阿芙洛狄忒（Aphrodite）的女祭司，因情人渡海來會時不辨方向而溺斃，遂縱身投海殉情。

7 莎芙（Sappho），西元前七世紀希臘詩人，是首位描述個人的愛情和失戀的詩人。傳說因為愛上一位渡船伕而在岩岸投海自盡。

8 克麗歐佩翠拉（Cleopatra），世稱「埃及豔后」，古埃及托勒密王朝末代女王。當情人安東尼結束自己生命後，克麗奧佩脫拉隨後跟著自殺。傳說她以毒蛇咬嚙自己而身亡。

9 希臘神話中的伊底帕斯（Oedipus）為逃避他將弒父娶母的可怕神諭而離國，冥冥之中卻殺死其父底比斯國王，被擁護成為底比斯國王，娶了自己的生母伊俄卡斯特，在真相揭露之後刺瞎自己的雙眼。

10 伊俄卡斯特（Jocasta），伊底帕斯親生母親，在渾然不知情的情況下嫁給伊底帕斯，知曉真相之後上吊自殺。

11 布魯特斯（Brutus），晚期羅馬共和國的一名元老院議員，組織並參與刺殺凱撒大帝的行動。據說因見到凱撒鬼魂而自殺。

12 波提亞（Portia），布魯特斯之妻，在聽聞布魯特斯的死訊之後殉夫，傳聞吞下炙熱的木炭自盡。

13 波麗娜（Paulina），塞內卡之妻，雖然也割腕準備隨同丈夫死去，但尼祿皇帝派人阻止因而存活下來。

14 哈特・克萊恩（Hart Crane, 1899–1932），美國現代派重要詩人之一，被視為T. S. 艾略特（T. S. Eliot）的門徒，在由墨西哥駛返美國的船上跳海自盡。

15 賀伯・席貝瑞（Herbert Silberer, 1882–1923），維也納精神分析師，與佛洛伊德、榮格、阿德勒等心理研究先驅過從甚密，與佛洛伊德決裂之後九年上吊自殺。

16 湯瑪斯・貝杜（Thomas Lovell Beddoes, 1803–1849），英國詩人、劇作家及醫生。父親與英國浪漫主義文學旗手柯勒律治（Samuel Taylor Coleridge）為好友。筆下經常圍繞著死亡議題，最後飲毒自盡。

17 西薩・佩維斯（Cesare Pavese, 1908–1950），義大利詩人、小說家、文學評論家和翻譯家。由於與女演員的短暫戀情破裂以及對政治幻滅，導致他服下過量的巴比妥酸鹽自盡。

18 維琴妮亞・伍爾芙（Virginia Woolf, 1882–1941），英國作家，被譽為二十世紀現代主義與女性主義的先鋒。患有嚴重的憂鬱症，她在自己的口袋裡裝滿了石頭之後投河自盡。

19 康多賽（Condorcet, 1743–1794），十八世紀法國啟蒙運動時期最傑出的代表之一，同時也是一位數學家和哲學家。他是法國大革命之後法蘭西第一共和國的重要奠基人，並起草了吉倫特憲法。最後遭執政的雅各賓派遭逮捕繫獄，傳聞於獄中自殺。

20 卡斯特瑞格（Viscount Castlereagh, 1769–1822），愛爾蘭政治家，通稱卡斯爾雷子爵（Viscount Castlereagh），曾任外務大臣，於一八一四、一五年代表英方出席維也納會議，後因工作過勞而精神失控，自殺身亡。

21 佛瑞斯塔（James Forrestal, 1892–1949），為美國最後一任內閣級海軍部長。於一九四七至四九年擔任首任國防部長。因工作負荷過重而接受精神治療，但終究跳樓自盡。

22 溫納（John Gilbert Winant, 1889–1947），美國共和黨人，曾任新罕布夏州長，並於二次大戰期間出任駐英國大使。因婚姻、事業失意及鉅額債務，飲彈自盡。

23 瓦加斯（Getúlio Dornelles Vargas, 1882–1954），巴西前總統，前後兩次出任長達十八年。在第二次任期內，國內保守勢力以軍事政變相威脅，要求他無條件辭職，他受迫於各方的壓力，在總統府內以手槍自殺身亡。

24 海明威（Ernest Miller Hemingway, 1899–1961），美國記者和作家，被認為是二十世紀最著名的小說家之一。晚年過度酗酒，曾因患憂鬱症和偏執狂而接受電痙攣療法，晚年在家中舉槍自殺身亡。

25 布里奇曼（Percy Williams Bridgman, 1882–1961），一九四六年以發明超高壓壓縮裝置，及針對高壓下的物理性研究的傑出貢獻，獲得第四十六屆諾貝爾物理學獎，之外他也大量寫作關於科學方法以及科學哲學方面的探討。因罹患癌症而自盡，他所留下的遺言稱：「讓一個人自己動手這樣做的社會，並非文明社會。或許今天是我還有能力自行這樣做的最後一天。」許多贊成協助自殺的討論中都引用這段遺言。

26 貝爾蒙提（Juan Belmonte, 1892–1962），改變鬥牛風格的一位傑出鬥牛士。由於生來雙腿輕微畸形，無法輕鬆騰跳奔跑，於是上場鬥牛時站定雙腳，毫不退讓，強迫牛隻繞著他打轉，而非如其他鬥牛士滿場蹦跳。他在七十歲生日過後不到一星期便舉槍自盡，有人稱這是模仿效應下的舉動，因為貝爾蒙提在前一年聽聞作家好友海明威自殺時，曾表示：「幹得好。」

27 佩瑞格諾斯（Peregrinus, 95 BC–165 AD），希臘犬儒派哲學家，在巴勒斯坦接觸到基督信徒團體，在其中頗孚眾望，因反羅馬帝國而曾被俘，曾打算殉教。他聲稱要活得像赫拉克勒斯（希臘神話中的半神英雄），就要死得像赫拉克勒斯，所以他要向世人示範如何將死亡置之度外，於是在奧林匹克運動會的熱情觀眾面前自焚。

28 在述說基督復活的《哥林多前書》十五：五十六中提及死的毒刺就是罪，而罪的權勢就是律法。

29 施奈德曼在一九九六年將自殺區分為四種，分別為：蓄意自殺者（psyde-seeker）、因纏綿病榻而自殺者（psyde-initiator）、相信來生或相信能與亡故的摯愛重逢而無懼死亡者（psyde-ignorer），以及希冀以死亡擺脫苦惱處境者（psyde-chancer）。

30 喬伊斯（James Joyce）為二十世紀最重要作家之一，其最著名的著作為《尤里西斯》，作品以意識流及夢境式的風格著稱。

31 神經症（neurosis）是輕型精神疾病，它並不是單一的疾病診斷，而是涵蓋了以焦慮、緊張、情緒煩躁、鬱悶、頭痛、失眠、心悸等臨床症狀的病症統稱。其病程常常一再復發，使患者飽受折磨。神經症的病因是多樣的，除了生理因素，也易受到生活壓力、人際關係、社會環境變動等因素影響，而使病情波動。臨床診斷大致可以分為幾大類：焦慮性疾患、神經性憂鬱症、身體型疾患（身心症）、解離型疾患（歇斯底里）、壓力相關性疾患。

32 基本原理（first principle）是指不必經過驗證，即已明白的原理，即是理由已經存在於原理之中，也是自證原理。就範圍大小區分，基本原理可以是解釋所有事件的終極真理，也可以視為一個系統一致性、連貫性的一種根源性的解釋。

33 沙特（Jean-Paul Sartre, 1905–1980），著名法國哲學家、作家、劇作家、小說家、政治活動家，存在主義哲學大師及二戰後存在主義思潮的領軍人物，被譽為二十世紀最重要的哲學家之一。其代表作《存在與虛無》是存在主義的巔峰作品。一九六四年以《嘔吐》一書而獲得諾貝爾文學獎，但是他主動回絕該獎項，成為第一位拒絕領獎的諾貝爾獎得主。

34 林傑（Erwin Ringel, 1921–1994），奧地利精神醫師、神經病學家，致力於防止自殺，一九六〇年提出「前自殺徵候」（presuicidal syndrome）的定義。

35 史汀格（Erwin Stengel, 1902-1973），奧地利裔英籍精神醫學醫師與心理學家，為國際自殺防治協會（International Association for Suicide Prevention）創始人之一。

36

將觀念的同化與相互融合稱為統覺（apperception）。統覺的過程就是把一些分散的感覺刺激納入意識，形成一個統一的整體，組成觀念團。統覺論為赫爾巴特（J. F. Herbart）所提出，認為新知識必須建立在舊經驗上，如此，新舊聯合，各種呈現的經驗連成體系，彼此有所聯屬而不孤立，則系統的知識就能形成。另外，統覺在康德（I. Kant）哲學中主要有兩層意義：就感官經驗而言，是認知主體將偶發的或經驗上的心理狀態統合而成為屬於自己的統合經驗；就知性層次而言，是認知主體將直觀所得的內容，用內在於人的先驗範疇形成普遍有效的判斷。

【第四章】

死亡經驗

心理學對死亡的關注一直不足。與那些對瑣碎生活的熱切研究相比，關於死亡的文獻是如此稀少。透過對靈魂的研究來檢視死亡，應該是心理學的一項主要任務，但除非心理學能擺脫自己在其他科學面前的自卑，否則這個任務無法展開，而其他科學卻由於本身思維模式的關係，往往不會進行這種探索。如果心理學當初是從心理治療開始，把實際的心靈放在興趣的核心，就會被迫先去面對死亡的問題，而不是其他那些消耗了許多學術才能的議題。

學院心理學避談死亡是因為科學嗎？只因為死亡不是實驗探索的對象？睡眠，這個死亡的象徵性對應現象，也被現代心理學所忽略。如韋伯（W. B. Webb）所指出的，與其他研究比起來，對睡眠的研究（還有夢境）顯得很稀少。學院心理學相對對於夢境、睡眠與死亡的缺乏興趣，是否進一步證明了其失去靈魂與畏懼死亡？

神學一向知道死亡是靈魂的最首要關切。某種意義下，神學等於是專注於死亡，它包含各種聖禮與葬禮、來世的理論以及天堂與地獄的描述。但神學的探討根本沒有揭露死亡本身，其教規是來自於信仰的文獻。傳教士的權威來自於教規，象徵已對死亡達成瞭解。各個宗教容或有不同的立場，但總是有立場。神學家知道自己對死亡的立場。經書、傳統與體制告訴他為何有死亡，他應該如何看待死亡。神學家在心理上的基石以及他的權威，是他對於死後來生的教義。神學對於靈魂存在的證據如此固守著有關死亡的教規——關於靈魂不朽、原罪、重生、最終審判的教規——以致若開放探討，就等於是質疑了神學的整個心理基礎。我們要記得，神學的立場開始於與心理學相對的那一端。神學開始於教條，而不是事實；來自於化石經驗，而不是活經驗。神學需要靈魂為複雜的死亡——信仰系統（death-belief system）提供背景，而這系統是神學的力量之一。要是沒有靈魂，神學可能會發明一個，才能賦予傳教士古老的死亡特權。

自然科學的觀點，包括醫學，比較像神學，對死亡有很固定的立場。這種觀點顯示了現代系統結構的特性；死亡只是因果的最後一環。死亡是缺乏秩序的系統的最終狀態，是分解，是靜止。佛洛伊德如此構思出死亡驅力，因為他是採取上個世紀的自然科學基礎。死亡的意象，例如耗損、冷卻、緩慢、僵硬、消退，都顯示死亡是衰敗的最終階段。死亡是年老過程的最後一環。

當我們觀察大自然時，這個觀點似乎很正確。死亡顯示了衰敗與靜止。植物世界在果實成熟與產生種子之後就陷入寂靜。死亡完成了循環。在完整循環之前的死亡，顯然是不成熟的。

自殺被稱為「不自然」，意味著自殺違反了植物的自然循環，而這也是人類所共享的循環。但讓人驚訝的是，我們對植物的循環所知甚少，其中其實還有不同的衰老與死亡模式。細胞基因的老化，是自然的壽命，環境扮演的角色（包括輻射）仍是生物學上的謎題，尤其是當我們來到更複雜的物種階梯上。根據李奧波（A. C. Leopold）所言，在此領域的解釋驚人地鮮少。這是不是又顯示了對死亡的畏懼影響了科學探討？醫學把自殺視為「不成熟」與「不自然」，生物研究卻找不到太多這方面的證據，因為我們甚至不知道這些字眼在植物世界中的意義。況且，一切對生命過程的判斷，除了人類本身，都是來自於外在，所以我們必須努力從自然科學的隱喻之外來思考我們自身。那些隱喻從來無法完全適用於人類的生死，因為人類生死的意義只基於「人類有內在」這項事實。所有「自然」與「適當」的問題都必須從這個內在的觀點來解答。

表面上，那些在完成循環前試圖以自殺來獲取植物性平靜的人，是不自然地把生命剪斷。但這是從外在來看的情況。我們不知道是什麼複雜機制引發植物的衰老與死亡，我們對「自然循環」或人類壽命也所知甚少。我們不知道任何生命在壽命週期統計數字的哪一點會進入死亡。我們不知道時間對死亡的影響。我們不知道靈魂究竟是否會死亡。

哲學如何看待死亡

最能明確表達出心理分析師的死亡經驗的，並非神學，亦非醫學，而是第三種領域：哲學。柏拉圖最先在《對話錄》的〈斐多篇〉（Phaedo 64）提出這方面的言論，該言論在其他地方、其他時代也重複過，受到誇大、挑戰、斷章取義，但柏拉圖的格言仍是真實的：哲學是生死的探索。柏拉圖這位年老的自然哲學家也是醫生，伴著桌上的一個骷顱頭一起思索。他不僅從生命的觀點來看死亡，也透過骷顱的眼孔來看生命。

生命與死亡一起來到這個世界，一如眼睛與容納眼睛的凹穴是同時誕生的。**我一出生就大到可以死了**。我活著的時候也是正在死去。死亡持續不斷地登場，不只是在法律與醫學所定義的死亡的那一刻。我生命中的每個事件都是朝向死亡，我每天的生活都是在建立我的死亡。相對的立場也必然有以下的邏輯：任何反對死亡、抗拒死亡的行動，也會傷害生命。哲學家可以同時思考生命與死亡。對哲學而言，生、死不必然要成為互斥的對立面，如佛洛伊德的愛欲之神（Eros）與死神（Thanatos）那樣兩極化，或梅寧格[1]的愛與恨彼此對立。哲學的一個悠久傳統用極為不一樣的方式來看事情。死亡是生命中唯一的絕對，是唯一的確定與真相。因為這是所有生命都必須考慮的狀況，這是人類唯一的先驗（a priori）[2]。生命成熟，發展，朝向死亡。死亡是生命的目的地。我們活著才能死亡。生命與死亡彼此容納，彼此完成，只有靠彼此才能相互瞭解。生命因為死亡才有價值，而探索死亡是哲學家時常建議的生活方式。如果只有活人才會死，那麼只有將死之人才真正活著。

現代哲學家再次專注於死亡，這是傳統的主流。透過死亡的問題，哲學與心理學結合在一起。佛洛伊德與榮格，沙特與海德格[3]，都把死亡放在他們研究的核心。佛洛伊德的大部分追隨者反對他關於死亡的形而上心理學。但是今日的心理治療很著迷海德格，他的核心主題就是死亡的純粹哲學。心理分析師感興趣的，不是海德格來自於黑森林風格的德式語言，也不是他使用的邏輯，因為這些並不符合心理學的事實。當他說死亡是基本的可能性，但無法如此體驗，他只是在重複理性主義者的論點，也就是生存與死亡（存在與不存在）在邏輯上是互相矛盾的：我的所在，死亡不在；死亡的所在，我不在。年老時自殺的布里奇曼（P. W. Bridgman）有同樣的推論：「沒有任何方法能讓我知道我是否死了；『我一直都是活著』。」這種思維受到那些無法分辨心理經驗領域與理性意識領域的人所接納。這種說法主張死亡的過程可以被經驗，但死亡本身不能。若遵循這種說法，我們就會得出愚蠢的想法，因為我們會說睡眠與無意識也無法被經驗。這種詭辯對心理經驗的影響，並不比理性對靈魂的反對所造成的影響大。

死亡與**存在**或許在理性哲學中彼此排斥，但**在心理學上它們並不互相矛盾**。死亡可以被經驗為一種狀態，一種存在狀況。年至耄耋的人有時會告訴我們，他們體驗到自己置身另一個世界，不僅更真實，而且在其中可以看到這個世界。在夢中與精神失常的狀態下，人們可以經歷到死亡的焦慮，或經驗到自己已經死了；他們明確知道，並且感覺到。在異象中，死者會回來描述自身經驗。每一個心理分析都顯示出各種不同的死亡經驗，我們稍後就會舉例。死亡經驗無法被強迫套入死亡的邏輯定義。海德格不是心理學領域的人，他之所以對心理治療產生影響，是因為一項重要的洞見：他將死亡置於經驗的中心，因而確認了佛洛伊德的理論。**心理分析師若沒有哲學上的死亡，就無法繼續下去**。

但哲學家提供的答案不會比心理分析師更多，或說，是分析師將問題剖開，顯露出許多意義的種子，從而提供了許多不同的答案。對於死亡與自殺的觀點，轉向哲學的心理分析師所得到的，不會如同得自宗教、法律與科學的那樣明確。他從哲學會得到的答案之一，是哲學本身；因為當我們問起死亡時，我們就開始了哲學探討與對死亡的研究。這種答案也是一種心理治療。

哲學是死亡的排演

進行哲學探討，就是部分進入死亡；哲學是死亡的排演，如柏拉圖所言。這是死亡經驗的一個形式，被稱為「對世界死亡」（dying to the world）。處理任何問題的第一步，就是把問題當成自己的經驗。我們藉由參與問題來進入議題。要赴死才能處理死亡。處理死亡需要靈魂赴死，日復一日，如同肉體組織的死亡。當身體的組織更新時，靈魂也透過死亡經驗來重生。因此，研究死亡問題一方面既是從世界死去，連同希望沒有真正死亡的幻想也一起死去，另一方面同時是生命中的死亡，是一種對於重要基礎的關注，不同於以往而且必要。

因為在這種意義下，活著與死去彼此互相影涉，任何逃避死亡的舉動也會阻礙生命。「如何」赴死不會比「如何」生活更不重要。斯賓諾沙[4]扭轉了柏拉圖的格言，他在《道德論》第四卷（*Ethics* IV, 67）說，哲學家思考的都是死亡，但這種冥想不是針對死亡，而是針對生命。活著，做為生命中唯一確定的這一端，意味著我們是朝向死亡那端而活下去；這一端在此時此地，呈現為生命的目的，而這代表著死亡的時刻——任何時機的死亡——就是每一刻。**我們無法把死亡延遲到未來，只保留給老年**。等我們老了，我們可能已經無法去體驗死亡；屆時也許只能經歷最外在的過程。或者，也許已經體驗了死亡，於是生理的死亡就失去了一切的衝擊，因為生理死亡無法消解靈魂的基本成就。**當死亡沒有被容許在活著之時發生，生理死亡就對生命握有絕對的力量**。當我們拒絕死亡經驗，我們也拒絕了生命的基本問題，讓生命未能完成。於是生理死亡就阻礙了我們面對最終問題，打斷了我們救贖的機會。

為了避免這種靈魂狀態——傳統上稱為受到詛咒——我們有義務在死亡找上我們之前先赴死。

哲學會告訴我們，我們每天都在趨向死亡。我們每人都在打造自己內在的「死亡之船」。從這立場來看，我們打造自己的死亡，就等於每天殺死自己，所以每一天的死亡都是自殺。不管是「來自於一隻獅子，一處懸崖，或一場熱病」，每一個死亡都是我們自己造成的。那麼我們就不用像里爾克[5]那樣祈求：「喔主，給每個人自己的死亡。」因為神的確這樣應允了我們，雖然我們看不到，因為我們不喜歡它。當一個人向上建立自己生命的結構，如同蓋房子，一步一步攀爬，一層一層往上蓋，只為了從高窗跳出，或被心臟病、中風帶回低處，他難道不是完成了自己的建設計畫，被賦予了自己的死亡？由此看來，自殺不再是進入死亡的方法之一，而是**所有的死亡都是自殺**，方法的選擇只是明顯與否，不管是車禍、心臟病發作，或那些通常被稱為自殺的行為。

哲學認為，有意識地赴死，會讓我們建立更好的船隻。理想上，我們年老時，打造的船隻就更難以毀損，因此以衰老的肉體前往，可能不會有所恐懼，而是令人喜愛並且輕鬆容易。我們在自身之內建造的這種死亡是永恆的結構，是「精微體」（subtle body）[6]，靈魂就棲息在無常的衰敗中。但死亡不是輕鬆的；赴死是一種撕裂，醜陋、殘酷而且充滿痛苦。因此有意識地走向死亡，如哲學所建議的，必然是人類的主要成就，藉由宗教及文化上的英雄形象來支撐並向我們展示。

無意識的哲學行動

一個心理分析師與自殺問題奮戰之時，若把哲學當成第一步，可能會比較好。自殺對某些人來說可能是無意識的哲學行動，為了瞭解死亡而加入了死亡。赴死的衝動不需要被視為反生命，因為這可能是為了要接觸絕對現實的舉動，**透過死亡經驗來追求更完滿的生命**。

沒有恐懼，沒有預設立場的成見，沒有病理學偏見，自殺就成為「自然的」了。它是自然的，因為它是我們本性裡的一種可能，開放給每個人類心靈的一個抉擇。心理分析師考慮的比較不是這種自殺的抉擇，而比較是幫助對方瞭解這個抉擇的意義，這**唯一直接要求死亡經驗的抉擇**。

這個抉擇的主要意義，在於死亡對個體性的重要性。當個體性成長時，自殺的可能性也一起成長。社會學與神學瞭解這個道理，如我們之前談過的。人是自己的律法，為自己的行為負責（正如在城市文化、在不受喜愛的孩子身上、在新教徒地區、在創作者身上所看到的），死亡的抉擇較常成為選項。當然，選擇了死亡，相對的那端就不見了。除非我們能選擇死亡，否則我們無法選擇生命。**除非我們能對生命說不，否則我們沒有真正肯定生命**，只是被生命的集體洪流帶著走。反抗這個洪流的個人，把死亡當成首要的另類選項，因為逆著生命之流的就是生命的對手，認同了死亡。再次，死亡經驗必須與集體的生命之流分開，由個人來發現。

個人需要勇氣。自古以來，勇氣就與自殺爭議有關：我們需要勇氣來選擇生命的磨難，需要勇氣來選擇進入未知。有些人選擇生命是因為畏懼死亡，有些人選擇死亡是因為畏懼生命。我們無法從外在來正確判斷勇氣或懦弱。但我們能瞭解為何自殺問題會引發勇氣的問題，因為自殺問題迫使一個人尋找他對基本問題的個人立場——存在或不存在（to be or not to be）。存在的勇氣——如時下流行的說法——意味著不只是選擇了已經存在那兒的生命。真正的選擇是選擇自己，自己的獨特真相，這包括了最醜陋的人，如尼采[7]所謂的內在之惡。繼續活下去，知道自己有多醜陋，的確需要勇氣。體驗到自己邪惡的那裡強大衝擊，導致了不少的自殺，這種洞悉較常發生在具備創作天賦的人、心理敏感的人與思覺失調症患者身上。究竟誰是懦弱？誰有權指責？而其餘我們這些愚鈍的人，只對自己的陰影感到麻木。

從靈魂去瞭解各種死亡模式

每個心理分析師都會碰到不同形式的死亡：在夢中，作夢的人會死，也有其他內在形象的死亡；親人死亡；失去而永不復得的地位；態度的死亡；愛情的死亡；失落與空虛的體驗被描述為死亡；感覺到死神來臨與對死亡的可怕恐懼。有些人「部分愛上了死亡的輕鬆」，希望自己或其他人能夠如此，因而想要被殺或殺人。有飛向太陽的死亡，如年輕的伊卡洛斯[8]；或者為了追求力量；為了自大的野心幻想，一時衝動憤怒而想要摧毀所有敵人。有些人似乎被驅使赴死；有些人則是被死亡獵捕；還有人被只能透過體驗來描述的「另一邊」召喚到死亡，渴望見到死去的愛人、父母或孩子。也有人可能經驗激烈的神祕異象，接觸到了糾纏他們畢生的死亡，帶來無法理解的經驗同時邁向渴望。對有些人而言，每一次分別就是死亡，離開就是赴死。還有人覺得被詛咒，確定自己的生命是朝向滅絕，是一連串的命定，最後一環叫做自殺。有些人逃離了戰爭或大屠殺的死亡，但內在並沒有逃脫，焦慮一再發作。恐懼症、強制症、失眠，可能揭露出死亡的核心。自慰、孤獨以及抗拒愛情的呼喚，與自殺一樣，被稱為「英國疾病」，引發了死亡的幻想。死亡會衝擊個人生命的道德評估：檢視生命、個人的信仰、原罪、命運；一個人為何來到這樣的處境，如何繼續下去。或者，是否要繼續下去。

要瞭解這些死亡模式，心理分析師無計可施，只能轉而去瞭解靈魂對死亡的說法。心理分析透過經驗，從靈魂本身發展出對死亡的理念。榮格再次成為先驅。他只是傾聽靈魂的經驗，觀察活著的心靈從自身產生的生命目標的意象。在這裡，他既不是哲學家，也不是醫生、不是神學家，而是心理學家，靈魂的學生。

他發現死亡有許多面貌，通常不會在心靈中以死亡**本身**出現，如滅絕、否定與終結。瀕死的意象與死亡的概念在夢中與幻想中有其他的意義。靈魂經歷許多死亡經驗，但肉體繼續活著；當肉體生命到達終點，靈魂時常會產生繼續存在的意象與經驗。意識的過程似乎無止盡。

對心靈而言，不朽並不是事實，死亡也不是終點。我們不能證實或否定存在。心靈讓這個問題保持開放。

尋找不朽的證據與示範，是思維帶來的困惑，因為證據與示範屬於科學與邏輯的類別。心智使用這些類別，被證據說服。因此心智可以被機器取代，靈魂則不會。靈魂不是心智，有其他的類別來處理不朽的問題。對靈魂而言，與證據、示範等同的是信仰與意義。同樣難以發展與釐清，就如尋找證據一樣麻煩。靈魂從經驗的觀點與來世的問題奮戰。從這些經驗中建立起信仰的立場，而不是出自於教條、邏輯或實驗證據。光是心靈有能力信仰，不被證據或示範所影響，就讓我們傾向於心靈不朽的可能。心靈不朽既不是肉體的重生，也不是個人的來世；前者是指身體的不死，後者是指心智的不死。我們所關心的是靈魂的不死。

靈魂的這些信仰與意義有何功能？它們是不是靈魂處理現實的工具，如心智使用的證據與示範？若是如此，信仰的對象就可能是「真實」的。**心理學對於不朽所抱持的理由**有自己的假設，如同古老的相關概念，認為世界與人的靈魂是息息相關的。心靈的運作與客觀現實互通聲息。靈魂若有信仰功能，意味著信仰會在對應的客觀現實中有所作用。這種心理學立場在神學論點中也提過，認為只有信徒才能上天堂。沒有信仰功能，就沒有對應的天堂現實。

這種心理學對不朽的態度，可以用另一種方式描述：據榮格所言，關於能量以及能量不滅的概念是古老而廣泛的想法，以無數方式跟靈魂產生聯繫，在羅勃．邁爾[9]以科學定理描述能量保存之前早就存在。就算在現代的科學化心理學之中，我們也無法避開這種原始的意象，仍然以與動能有關的詞彙來描述心靈。心理學的靈魂不朽與重生是物理的能量保存與轉化。心智之所以確定能量是「不滅」的，是來自物理定律。這與靈魂相信自己不朽是一致的，而這不朽感是不滅的心靈能量的內在感覺。**因為如果心靈是一種能量現象，那麼它就是無法摧毀的**。我們無法證實心靈存在於「另一個世界」，就像我們無法證實靈魂存在於這個世界一樣。它的存在只是心理上的內在確定，也就是信仰。

死亡是破解舊秩序

當我們問：為何進行心理分析時常碰到死亡經驗，而且形式眾多，我們發現，大抵上，**死亡出現是為了轉化**。花朵枯萎時果實變大，蛇會蛻皮，成人會脫去童稚。創造力會殺死舊的，產生新的。精神症狀的混亂失序可以被視為生死的角力，雙方都戴上了面具。精神病患者稱之為死亡的，主要因為它是黑暗而未知，但其實是一種新生命想要突破進入意識層面；他稱之為生命的，是因為熟悉，但其實是一種他想要保留存活的瀕死模式。死亡經驗是舊秩序的破解，所以心理分析是一種緩慢的「精神崩潰」（繼續進行的話也同時是合成），**心理分析意味著赴死**。開始心理分析的畏懼觸發了深沉的恐懼，對於「抗拒」這個根本問題不能只看表面。

舊秩序的世界若不死，就沒有更新的空間，因為，如我們稍後將說到，若認為成長是一種添加過程，不需要犧牲或死亡，這將只是一種幻想。靈魂偏好以死亡經驗來推動改變。由此看來，自殺衝動是一種轉化的驅力。它說：「目前的生命必須改變，必須有東西讓步。永遠有明天是白癡的說法。這個模式必須徹底停止。但是，由於我對生命已經束手無策，已經試過所有的方法，我要現在就停止一切，針對我自己的身體——我仍可掌握的客觀世界。我要結束我自己。」

當我們檢視這種理由，我們發現從心理學來到存在論（ontology）[10]。朝向完全停止，朝向完全靜止，一切過程終結，是想要進入另一層的現實，從成為（becoming）到存在（being）。將一個人結束，意味著來到此人的終點，找到此人的界線，這是為了抵達此人尚未到達的境界。「這個」換成了「那個」；一層被抹去，換成另一層。**自殺是嘗試透過死亡，強制從一個領域移動到另一個領域**。

朝向另一個現實，可以描述為基本的對立，如身體與靈魂、外在與內在、主動與被動、物質與精神、此處與超越，也就是生命與死亡的象徵。對自殺感到痛苦，代表著靈魂與這所有對立的矛盾展開掙扎。自殺決定是一種在這些似乎無法和解的矛盾中做出選擇。一旦做出選擇，就克服了猶豫（如林傑與蒙根泰爾〔Morgenthaler〕對自殺遺書的研究），一個人就會變得堅定與平靜，完全沒有想要殺死自己的跡象。他已經跨越過去了。

這種平靜與肉體瀕死的死亡經驗一致，如威廉・歐斯勒爵士[11]所言：承受身體強烈痛苦的人少之又少，承受心理痛苦的則更少。」死亡的痛苦通常發生在生理死亡之前。死亡來臨時先是靈魂的經驗，然後身體斷氣。「恐懼，」歐西斯（K. Osis）說，「不是死亡時明顯出現的情緒。」興奮與狂喜也常發生。其他對死亡的研究也有類似的發現。對於瀕死的恐懼影響到**體驗死亡**，然而死亡經驗與肉體死亡是可分離的，而且無需倚賴肉體死亡。

自殺若是一種轉化衝動，我們可以把今日對原子彈大規模自殺的關切當成是集體心靈想要重生，以擺脫歷史的束縛與物質累積的重擔。在一個重視物質生活的世界，貨物成為了「善」，摧毀貨物以及對貨物執著的我們，當然就是「惡」了。但是，這種惡難道不是善的偽裝，顯示了我們今日價值觀的脆弱與相對性？透過原子彈，我們活在死亡的陰影中。它也許可以讓死亡經驗更靠近，但不必然意味集體自殺也靠近。生命所執著的，自殺就受到「趕盡殺絕」的衝動所吸引。但在集體死亡常發生之處——如納粹集中營或戰爭時——自殺卻很少見。重點是：**死亡經驗越是無所不在，就越可能發生轉化**。世界靠近了集體自殺？沒錯；這種自殺一定會發生？不一定。如果集體心靈發生轉化，就不會自殺。因此原子彈可能是神的黑暗之手，以往曾降臨在諾亞（Noah）與平原城市中的人們，它催促的不是死亡，而是我們靈魂的劇烈轉化。

個人之中，自殺衝動不是直接與自我有關，而似乎是某種聲音、形象或無意識的某種內容，推動、帶領或命令一個人去謀殺自己，再次地，它可能這樣說著：「我們無法再見面，除非發生改變，這個改變將終結你對於你穩固生命的認同。」**自殺幻想讓人擺脫對事情的尋常、實際觀點**，讓人可以見到靈魂的現實。這些現實以意象與聲音出現，也包括衝動，人們可以藉由這些來溝通。但對於這些與死亡的對話，我們必須把靈魂的領域——帶著暗夜的幽靈、怪誕的情緒與無形的聲音，在這裡生命脫離肉體，高度自主——當成現實。於是看似退化的衝動，可以顯露其正面價值。

例如，一個年輕人考試失敗後可能上吊，是想要掐死他的精神，或打爆自己腦袋，因為太想要飛得太高。死亡是黑暗而且容易的；被動以及事物的慣性把他再次拉下來。憂傷，這個讓許多自殺發生的黑暗痛苦，顯露了向下拉扯沒入黑暗冰冷現實的重力。沮喪讓人變得狹窄，專注在本質上，自殺是為了本質而對存在的最終否定。或者，一位死去的父親形象（如哈姆雷特看到的鬼魂）持續用自殺的念頭吸引一位女子。當她面對了他，聽到他說：「你迷失在日常生活中，因為你忘了你父親，埋葬了你的渴望。死吧，然後飛升。」一位丈夫的自殺遺書從表面看來是要移除他妻子自由與快樂的阻礙，然而其中可以看到試圖透過自殺達到另一種存在。其中有轉化的企圖。

轉化會對肉體產生影響

真誠與徹底的轉化，總是會影響肉體。自殺總是一種牽涉到身體的問題。從嬰兒到幼童的轉變伴隨著生理改變，包括身體結構與慾望區域；生命在青春期、月經來潮與老年危機等重大轉變，也是如此。緊要關頭是情緒性的，為身體帶來喜悅與焦慮，改變了外表與習慣。成年儀式是肉體上的折磨。死亡經驗強調肉體的轉變，**自殺是對肉體生命的攻擊**。柏拉圖式的理念認為靈魂被困在肉體中，由死亡帶來解脫，這在此處有了意義。有些人覺得自己一輩子都對身體感到陌生。要把靈魂的領域當成等同於日常現實的現實，的確需要從這個世界死去。這樣也許能產生衝動，摧毀肉體陷阱。而且，因為我們永遠無法知道必死的肉體是否真的有不朽的靈魂，心理分析師至少會以「肉體─靈魂」相對的觀點來思考自殺。

對肉體生命的攻擊，對某些人而言是去**摧毀自我意識的情感偏見**。自殺性的自殘是這種死亡經驗類型的極端扭曲。這種自殘可從東方冥想，或獻祭動物——也就是肉體生命——這種共通的意象來瞭解。因為意象與幻想會促成行動，用一些方法來斬殺掉心理內容中的情感衝動。記憶被洗刷掉慾望。要清除行動中的衝動，讓意象可以自由幻想以及專注冥想，肉體慾望就必須死去。這不能直接透過自殺而死，在這情況下會變成對於心理需求的具體誤解。這個需求只是察覺到若要超越自我中心的限制，就必須區分情感與意象。這種區分透過將慾望——以亂倫情結來呈現其原型——轉向自己內在而達到。然後肉體慾望與靈魂合一，而不是與世界合一。透過這種結合，情感衝動全然變成心靈，並且得到轉化。

當心靈堅持提出轉化的要求，除了死亡之外，它可以用其他的象徵，來顯現誕生與成長、時空的改變等等諸如此類的現象。然而，死亡是最有效的，因為死亡帶來強烈的情緒，沒有這種情緒就無法發生轉變。死亡經驗最具挑戰，需要全面的回應。這意味著所有過程都被停止。這是面對悲劇，因為無路可逃，除了往前，進入其中。悲劇誕生於**極端**，人們在其中被迫孤注一擲，跳入另一層的存在。悲劇是從歷史躍入神話；個人生命被非個人的命運之箭貫穿。**死亡經驗讓所有生命能夠進入悲劇**，因為，如浪漫派的看法，死亡消除了渺小的個人，把生命轉變為英雄的曲調，不僅聽起來帶著冒險、實驗與荒謬，還有更多——生命的悲劇感。悲劇與死亡必然交織在一起，因此死亡經驗帶著一點悲劇，而悲劇感就是對死亡的覺察。

其他的轉化象徵（出生、成長、時空轉移）都公開彰顯了下一個階段——在目前階段尚未結束之前，就提出下一個階段。它們揭開了新的可能，提供了希望。然而死亡經驗的感覺永遠不像一般的轉化。死亡經驗是重大的轉化，但很矛盾地，並沒有未來。終點來臨了。全都結束了，太遲了。

在「太遲了」的壓力下，知道生命出了差錯，已經沒有出路了，自殺就站出來了。**於是自殺是想要倉促轉化的衝動**。這不是如醫學上所說的未成熟的死亡，而是一個拖延而沒有如期轉化的生命延後做出的反應。生命會突然死亡，而且是立即，因為生命錯過了以前的死亡關頭。這種缺乏耐心與無法容忍，反映了一個沒有跟上生命步調的靈魂；或在老年人身上，生命不再能用經驗來滋養一個仍然飢渴的靈魂。對老年人而言，有內疚與罪惡需要消除，所以要當自己的處決者。配偶死了。也許不確定來世能重逢，但至少可能在「另一邊」相會，而在此只是貧瘠的悲傷。或感覺已經死了；一種無情的冷漠這麼說著：「我不在乎自己是死是活。」靈魂已經離開了世界，軀體有如彩繪紙板一樣活動。在這些情況中，時間脫節了，自殺可以矯正回來。

自殺的意象代表「我」的終結

當心理分析提出死亡經驗時，時常會使用靈魂的主要意象，阿妮瑪（anima，男性的雌性人格）與阿尼姆斯（animus，女性的雄性人格）。阿妮瑪的誘惑與阿尼姆斯的算計，兩者的鬥爭是死亡之戰。這種鬥爭在成人生命中更為致命，超過了負面母親與父親意象的威脅。阿妮瑪與阿尼姆斯的挑戰甚至威脅到生理的生命，因為這些原型主宰的核心是身心交感的（psychoid），也就是說，它們透過情緒與肉體生命相連。疾病、犯罪、精神症狀與毒癮，都只是一些阿妮瑪與阿尼姆斯原型死亡層面的粗糙展現。阿尼姆斯一再以殺手型態出現，而阿妮瑪是妖姬，似乎在誘惑男人進入生命，但只是為了摧毀他。榮格心理學對靈魂的這些死亡使者有深入的見解。

在心理分析中，個案會發現所有的死亡都是關於他自己，尤其是在夢中。他在夢裡用刀子切開了舊秩序，燒毀它，然後埋起來。建築物倒塌；腐敗、蠕蟲，或屋內失火。他參加葬禮，進入墳場。在那裡響起怪誕的音樂。看到不知名的屍體，女人們祈禱，聽到鐘聲敲響。他的名字被寫在家庭相簿、登記簿中或刻在石頭上。他的身體部分瓦解；外科醫生、園丁與劊子手前來肢解屍體。一個法官譴責他，一個教士舉行最後儀式。一隻鳥躺在地上。十二點鐘了，或出現《聖經》中黑暗三日的景象。爪子、棺材、黑袍、露齒扭曲的面具。鐮刀、蛇、狗、骨頭、白馬與黑馬、預告毀滅的烏鴉。一根線斷了，一棵樹倒了。煙霧中升起東西。有門與通道的標誌。被一個模糊的女性引導往下；如果病人是女性，則是脫離身體的眼睛、手指、翅膀與聲音帶領她到黑暗之中。或可能有一場婚姻，與天使性交，怪異的舞蹈，守靈時狂歡，有食物象徵的古老晚宴，或前往快樂天國的旅程。會有潮濕的感覺，有如在墓穴中，還有突然一股冷風。空氣中、火焰中、水中都有死亡，還有被埋在土中。昏迷、狂喜，毫不費力地飄浮在夢境中。或被一個網子困住。看到了各種不再有意義的角色之死，如童年的最愛、英雄偶像們，甚至喜愛的寵物與植物、樹木。舊有的日常關係消逝，分道揚鑣，失去了習慣行為，發現自己隱居在山洞裡、發臭的水池旁、飢渴的沙漠中、深淵的邊緣、遙遠的島嶼上。再次感受到大自然的威力（海洋或閃電），被一群動物或一群殺手（強盜與強暴犯）或邪惡的機器追逐。或者，他可能會對自己下手。

體驗死亡的意象似乎無止盡。每一個意象都是意識對死亡的看法反映在無意識中，從美好的逃避到殘酷的謀殺。每次體驗到這些意象，就會開始新一輪的受苦，一小塊生命被剝奪，我們經歷了失去、哀悼與傷痛。隨之而來的是孤獨與空虛。每次都有某種東西停止。

當死亡經驗堅持於某種自殺的意象，那就是病人的「我」與他當成是「我」的一切都要終結了。整個脈絡與結構都要破碎了，所有的聯繫都要鬆脫了，所有的束縛都要解開了。「我」將被無條件地徹底解放。建立至今的生命，現在成為了要被打破的承諾牢籠；男人通常採用陽剛的暴力，女人則是消融進入大自然的溫柔接納，例如溺水、窒息或睡眠。接下來會如何，已不再是「更好或更壞」的問題；接下來一定是徹底不一樣的東西，全然的另一個。接下來會如何其實無關緊要，因為那遠離了死亡經驗，削弱了它的效果。

這種效果才是最重要的。如何來臨，何時來臨，都居於為何來臨這問題之後。**從心靈自身的證據來看，死亡經驗的效果是在關鍵時刻帶來徹底的轉化**。此時為了保存生命而加以阻撓，將阻礙了這種徹底轉化。整個危機就是一種死亡經驗；我們無法只挑選其一卻拒斥其他。我們從這裡可得到一個結論：死亡經驗是心理生命所必需的。這意味著自殺危機做為經驗死亡的方式之一，必須被視為靈魂生命的必需。

註釋 NOTES

1 梅寧格（K. Meninger，1893–1990），美國精神科醫師，他認為有心理疾病的人與健康的正常人並無太大不同，並主張透過心理方面的處置可以預防犯罪，而以懲罰來防堵犯罪既殘忍又無效果，提倡應以心理疾病的角度來看待罪犯。一九八一年獲得美國總統自由勳章。

2 先驗在進代西方思想中指無需透過經驗或先於經驗所獲得的知識。

3 海德格（Martin Heidegger, 1889–1976），德國哲學家，被譽為二十世紀最重要的哲學家之一。指出西方哲學自從柏拉圖便誤解存在的意思，去研究個別存在的問題而不去研究存在本身的問題。認為死亡是對現實世界生活的否定，當人面對死亡時，才會停止對世界的憂慮和擔心，從陷落中孤立出自己，成為真正的存在。人必須正視死亡，從恐懼中明白自己活著的重要性。為自己計劃未來時，必須包括死亡。人不該只接受生命，而拒絕接受死亡。

4 斯賓諾沙（Spinoza，1632–1677），西方近代哲學史重要的理性主義者，與笛卡爾和萊布尼茲齊名。認為宇宙和人生的本質能夠從一些不證自明的公理以邏輯演繹出來；我們對待事情也該像對待二加二等於四這個事實一樣，抱持承受默認的態度，因為它們同樣都是邏輯必然性的結果。

5 里爾克（Rainer Maria Rilke, 1875–1926），知名德語詩人，對十九世紀末的詩歌體裁、風格以及歐洲頹廢派文學都有深厚的影響。書中所引的詩句出自《時辰祈禱書》的〈貧窮與死亡之書〉。

6 「精微體」一說最早起源於印度數論派哲學，認為在我們由地、水、火、風、空所形成的可見肉體（稱為粗身）之內，還有另一個精微體，它是生命的來源，輪迴的主體。類似於西方所說的靈魂，或是中國所說的魂魄。在後世印度瑜伽、阿育吠陀醫學及密教中成為一個重要的觀念。

7 尼采（Friedrich Wilhelm Nietzsche，1844–1900），著名德國語言學家、哲學家。

8 伊卡洛斯（Ikaros）是希臘神話人物，與父親使用蠟造的飛翼逃離克里特島時，因飛得太高，雙翼遭太陽溶化而跌落海中喪命。

9 羅勃·邁爾（Robert Mayer, 1814–1878），德國物理學家、醫生，熱力學第一定律的發現者之一。一八四〇年左右，他的第一篇論文提出能量守恆和轉換的概念，認為運動、熱、電等都可以歸結為一種力的現象，彼此有一定的規律轉換。

10 存在論又譯為本體論、實有論等，屬於哲學上解釋存在和世界之基本性質的形上學分支之一，亞里斯多德將之定義為：「研究物體之存在的科學」。

11 威廉・奧斯勒爵士（Sir William Osler，1849–1919），現代醫學教育的始祖、臨床醫學的泰斗，最先將學生從講堂帶往病床邊進行臨床訓練，開創了現代醫學新觀念與新里程，尤其強調醫學的人文與教養，常被尊為現代醫學之父。約翰霍普金斯醫院（Johns Hopkins Hospital）創辦人之一。

【第五章】

面對自殺風險

死亡經驗是必要的，但實際的自殺也是必要的嗎？當死亡經驗是由自殺幻想所帶來時，心理分析師要如何繼續？他要如何滿足病人的需要，同時區分內在與外在的需求？

讓內在與外在維持區分狀態，是心理分析師的主要任務。他若好好使用他的工具，可以從糾纏的投射釋放出生命，也讓靈魂從世俗解脫。內在與外在維持分離，往後才可以適當地重新結合，靈魂在世界中呈顯自己，而外在生命滋養內在的人。**自殺威脅是內在與外在的混淆**，就像任何其他導致人求助心理分析的問題。當我們把心理現實與真實的人、事混淆在一起，從而把生命象徵化，並扭曲生命的現實，我們就會受苦。反過來說，若我們只有靠具體實行我們的幻想與理念才能體驗心理現實，我們也會受苦。

個案歷史vs.靈魂歷史

外在與內在，生命與靈魂，在「個案歷史」與「靈魂歷史」上看似平行而無交集。個案歷史是一個人參與的事件傳記：家庭、學校、工作、疾病、戰爭、愛情。靈魂歷史則時常對這些事件一些或許多部分完全忽略，同時發明出虛構與「加油添醋」（inscape），不需有重要的外在關連。靈魂的傳記關切的是經驗。它似乎不跟隨時間之流的單行道，而且情緒、夢境與幻想最能呈現它。歲月與事件之流被斷然拋棄，而夢境一再環繞著個案歷史的特定面向，成為乘載著靈魂經驗的意義象徵。這些經驗的存在，要歸因於心靈自然形成的象徵活動，而這些源於重要夢境、危機與洞視的經驗，則塑造了性格。這些經驗也像個案歷史的外在事件那樣，有「名稱」與「日期」；就像畫出自己個人領域的界碑。這些界碑不會比外在生命事實更容易被否定，因為國籍、婚姻、宗教、職業甚至自己的姓名，都可以被更改。否定或抹去自己的象徵「護照」，就是背叛了自己的本質，從而迷失在無根的無名之中，就跟一場外在災難一樣，如果不更糟的話。任何試圖還原的心理分析，也無法藉著將這些經驗與外在創傷連結起來而淨空這些象徵的意義。

個案歷史說明生命在由事實構成的世界中的成就與失敗。但靈魂沒有同樣的成就或失敗，因為靈魂不是那樣運作。靈魂的材料是經驗，其實現不只是靠意志來達成。靈魂從事的是想像與玩耍——玩耍並不會被歷史記載。你童年玩耍的歲月有什麼能記載於個案歷史？兒童，與所謂的「原始人」，沒有歷史；他們有的是玩耍之後的殘留，結晶成神話與象徵、語言、藝術以及生活型態。記錄靈魂的歷史意味著捕捉情緒、幻想與意象，跟著病人一起進入遊戲、夢見神話。**記錄靈魂的歷史意味著成為另一個人命運的一部分**。個案歷史呈現一系列的事實，導向診斷，而靈魂歷史則比較像是一個圍繞同一中心打轉的狀態，永遠指向超越自己的方向。靈魂歷史的事實是象徵與矛盾。記錄靈魂歷史，需要老派診斷的直覺洞察，並能以嶄新的眼光去瞭解既有生活型態，這無法用資料累積與個案歷史的解釋來取代。我們無法透過個案歷史來得到靈魂歷史。但我們可以深入探究靈魂歷史來得到個案歷史，這也就是心理分析。

當心理分析繼續時，會從個案歷史往內朝向靈魂歷史，也就是，探討更多情結的原型意義，而不是創痛的歷史。靈魂歷史從個案歷史的混淆中分離出來，重新被發現。例如，親近的家人成為了真實的人，不會被他們被迫承載的內在意義所扭曲。靈魂歷史的重新被發現，顯示於情緒、幻想與夢境的再次甦醒，以神話般的命運某種被超個人（transpersonal）的體驗所穿透，也被共時性的非因果（acausal）時間所穿透。它反映出靈魂從長期與外在事件、地點、人物的認同之中「痊癒」了。當這個分離發生時，一個人就不是個案，而是個人。當一個人擺脫了個案歷史，或說當一個人從投射而形成的世界舞台上死去，靈魂歷史便浮現了。靈魂歷史是生者的訃聞，從死亡的觀點來記錄生命，在永恆的相下（sub specie aeternitatis）賦予一個人獨特性。當一個人建立自己的死亡，他便在自己的靈魂歷史中寫下自己的訃聞。

從靈魂歷史的觀點來看待死亡

有靈魂歷史存在的這個事實，讓我們在進行心理分析時，必須以這觀點來看某人的死亡。個案歷史對車禍死亡歸類，會不同於服用安眠藥過量致死。疾病死亡、意外死亡與自殺死亡，都是不同類型的死亡——從外在看來的確如此。就算是更細微的分類（無預謀、預謀與半預謀），都無法完整說明心靈在每件死亡中的參與。靈魂永遠在計劃死亡，但這些分類都沒有完整呈現出來。對佛洛伊德而言，自毀本能（thanatos）永遠存在；靈魂需要死亡，死亡也永遠存在於靈魂之中。

心理分析師是否對某類的死亡比較沒有參與？他是否對預謀自殺比較有責任，而對半預謀的意外或無預謀的癌症就較無關？他對於死亡的決定——不管如何來臨——要看他對靈魂歷史的瞭解。他的疑問嘗試聯繫死亡與靈魂歷史所呈現的基本象徵，那些是命運的記號。他的責任是事件在心理層面上的強健程度，是內在的正義或系統，不管外在的模樣。

由此觀點，刺客的子彈、意外與無預謀的受害者，可能屬於他命運的神話模式，就像多年嘗試自殺未遂之後的精心預謀自殺。因為那不僅是屬於個案歷史的個人心理動能，而且可透過動機系統來解釋，因此可以被視為正確或必要的死亡。也有錯誤的死亡，就像死亡降臨在英雄、得力的同伴、靈魂所愛的意象、十字架上的那個人之時，但這都是悲劇性的正確。他們的死亡符合明確的神話模式。神話容許錯誤但必要的死亡。

神話掌管我們的生命。神話透過靈魂歷史從檯面下操控個案歷史。我們嘗試實踐的非理性、荒謬與恐怖的自然實驗，被神話的意象與動機所接受，因此從某種層面來看變得可以瞭解。有些人必須過錯誤的生活，然後錯誤地離開。不然我們要如何解釋犯罪、變態或邪惡？這類生死的強度讓人著迷，顯示了世事的運作超越人類所及。神話完全包容了各種的殘暴惡行，提供對這類生死更客觀的研究，超過了任何個人動機的檢視。

心理分析師對於接觸自然的祕密當然沒有特權。他無法解讀密碼，提出玄奧的理由。但是，他可以歸因於神（deo concedente），透過他對於靈魂歷史的熟悉以及其中揭露的神話，來觸及事情的底蘊，觸及那位於理性解釋的動機與道德對錯的問題之下的層面。生命的理性道德本身一直都開放質疑；死亡有什麼不同？

從靈魂歷史的觀點，此祕密結盟決定了心理分析師的責任（我們在後半部將會描述）。他的責任會隨著他參與另一人靈魂歷史的深入程度而延伸。理論上，他會同樣地參與任何類型的死亡，**他對於自殺的責任不會多過對任何其他的死亡**。對於自殺，心理分析師責任上的失敗不僅是自殺行為本身，如一般所稱所有自殺都是治療上的失敗。這毋寧表示他對於祕密結盟的失敗有兩種可能：沒有參與，或參與時沒有意識的察覺。必須採取的立場是一隻腳進入，一隻腳在外。兩隻腳都在外，就是沒參與；兩隻腳都進入，就是沒有意識到責任。**我們不為彼此的生死負責；每個人的生死是屬於他自己的。但我們對自己的參與要負責**。如約翰．鄧恩所言：「因此不要費心知道鐘聲為誰響起；它是為你響起。」這對心理分析師的態度而言，是理想的格言。

因為個案歷史總是以死亡終結，無法說出整個故事。個案歷史有時間限制；沒有後續。但靈魂似乎有預感與超越尋常限制的元素。對靈魂而言，彷彿死亡、甚至進入死亡的方式與時間都與其毫不相干，彷彿不重要，彷彿靈魂歷史完全沒有死亡。

重視生理死亡就等於採取醫學立場

被視為外行的心理分析師對自殺問題的答案，便在此開啟。這裡也有部分醫學觀點的心理分析。醫生的觀點受限於對抗死亡、延長生命、維持希望。身體的生命比一切優先，因此醫學反應必然是藉由延續身體存活來拯救生命。個案歷史必須盡可能保持開放。醫學的心理分析師必須服從訓練與傳統，首先注意的是生理死亡，因此把象徵性死亡與死亡經驗放在第二位。**但當醫學心理分析師較為重視生理而非心理時，他就破壞了自己的心理分析立場**。他低估了靈魂做為心理分析的主要現實的價值，採取了肉體的立場。換言之，除非醫學心理分析放棄醫學架構，否則無法發揮心理分析的極限。醫學心理分析為了生命而被迫放棄靈魂，它就不再是心理分析治療，而是醫學。

當心理分析師把實際的死亡放在第一時，他就做出許多非心理學的事。首先，他失去了個人立場，集體的死亡擔憂透過被分析者而影響到他，並征服了他。於是他助長了對方的焦慮，協助他壓抑死亡。這會誘發病人的精神症狀。真誠面對任何狀況出現的企圖，便突然受到封鎖。如果心理分析師喜歡偏好象徵性死亡更勝過生理死亡，因為覺得前者較安全，那麼他向病人顯示的，是他對心理死亡已經有了個人立場，但對於生理死亡，他仍是抱持集體的立場。屈服於對死亡的集體擔憂，早期的徵兆是中斷個人的心理諮商，把病人交給集體的療養院。當心理分析師這樣做，他就擱置了心理學觀點，因此失去與病人靈魂的接觸。但是，失去靈魂（而不是失去生命）才應該是他主要該擔憂的。此外，他犯了一個錯誤，想要用經驗本身來辨識一個經驗的模式。他的失敗在於沒有清楚區分內在與外在。

我們已經詳細說明了靈魂需要死亡經驗。這可以透過許多模式達成。前一章提到死亡經驗的一些內在意象與情緒，自殺只是那些模式之一；其他的是：沮喪、崩潰、出神、孤獨、陶醉與欣喜、失敗、精神病、解離、失憶、否定、痛苦與折磨。這些狀態的經驗，可以是象徵性的經驗，也可以是實際的經驗；可以呈現於個案歷史，也可以呈現於靈魂歷史。**心理經驗的模式**

似乎對靈魂不重要，只要靈魂從中能獲得經驗即可。對某些人而言，透過實際自殺造成生理死亡，也許是唯一讓死亡經驗成為可能的模式。

這是問題的關鍵。我們是否必須用醫學措施來防阻死亡經驗，因為自殺威脅可能導致生理死亡？雖然答案永遠因人而異，還是應該弄清楚問題。從醫學觀點，面對一具屍體時，靈魂及其命運的問題是毫不相干的。不管心理分析師對靈魂有多麼努力，看起來也會被肉體死亡所終止。治療結束了；個案結案了。對屍體無法進行心理治療了。醫學論點認為醫學措施對自殺威脅永遠是合理的。

對於有力的批評只有一個回應方式，而且是很激進的方式。除了辯稱自殺在死亡經驗中的地位，以及自殺在神話模式中的合理性，我們在前面已經看到：我們不知道靈魂是否死亡。我們不知道個案歷史與靈魂歷史是否同時開始、同時結束，也不知道前者在多大程度上決定了後者。從靈魂本身的證據來看，個案歷史的結束以數種方式反映於靈魂歷史：毫不相干、只有部分反映（只有某一面向或意象死去）、急迫的挑戰（面對救贖問題），或與伴隨的崇高情感重生。

與亡者溝通

在非西方的文化中，人們比較重視心靈，對心靈的「治療」是每個人的主要關切，亡者的靈魂與命運習慣性地被考慮在內，以祈禱、膜拜祖先、追思儀式，透過靈魂伴侶、命名、後代與朋友，繼續與亡者溝通。我們的靈魂影響著死者。我們對自己靈魂的作為影響著死者靈魂的進展。他們的靈魂仍在過程中。我們看到他們透過我們自己對他們的鮮活意象成為怨靈，現於夢中，最是深入參與對方靈魂歷史的，對方的意象就格外鮮活。我們若採取靈魂不朽的激進立場，而不是以奉承的態度抱著希望，那麼與亡者的鮮活意象進行分析辯證，並不會隨著生理死亡而停止。我們仍然參與，並且回應。這種觀點不需要碟仙或靈媒。這不是神祕主義，而是心理學上的現實。這是從靈魂的意象與信仰的經驗主義中推論而來，從大多數文化中人民的行為及態度獲得佐證。即使在我們自己的社會，這也是為亡者祈禱的基礎，意味著我們跟他們的關係尚未結束，我們對待他們的方式是有意義的。這表示治療永遠不會結束；心理分析的確是沒完沒了。如此一來，屍體並不會拒絕心理治療；或更好，心理分析不是與身體的對話，不管是死是活。關於一定要有身體才能有心理學關係，即使只是交談，這個論點也可以得到解釋。亡者做為一個可以與人溝通的心理實體而繼續存在，如死去的聖人、大師與摯愛的人。宣稱這些心靈現實只是內在意象或一個人主觀的客觀化，是一種不費力氣的理性至上，一種心理主義（psychologism）[1]。如果心靈現實是真實，那麼我們必須無悔地追隨其邏輯。我們不能兩者兼得：一方面相信它是一種客觀現實，另一方面貶低為主觀角色，只在腦袋中的某處發揮作用。物理現實大幅修改了心靈現實，反之亦然。但兩者無法並存，除了對於那些無法區分自己靈魂與身體的人外。當靈魂歷史開始從肉體生命中浮現——其中一個跡象是死亡經驗——那麼靈魂現實的獨立與對肉體的超越也開始實現。於是保持肉體存活就不再是保持所有心理關係所不可缺少的（sine qua non）。

然而，心理分析師可以接受醫學觀點，只是有一個條件：這些醫學措施不能反對靈魂；**首要之務為不可對靈魂造成傷害**（Primum ANIMAE nihil nocere）。治療必須是針對靈魂，尊重其情感與意象，考慮其要求。這意味著醫學措施不僅是延長生命的緊急處置，好讓心理治療可以隨後再次開始而已。不是，使用醫學措施主要是為了靈魂，醫學措施是心理治療的附屬物。換言之，歡迎醫學協助；拒絕醫學取而代之。要讓心理分析觀點占上風。如果心理分析師請求醫療介入（藥物或住院）**是為了醫學上防治的立場**，他就辜負了他的天職。實際上，醫學協助的對象是心理分析師，這表示一位醫生能夠基於心理分析師對於內在的獨特立場而接受心理分析師的權威，因此信任心理分析師。此時，醫生在某種意義上就成為了「外行」的。

心理分析的工作是幫助靈魂上路

正如心理分析師或許無法倚賴醫學來加以防治，他也不能嘗試用「象徵化」來找出路。因為象徵模式如果用來防治自殺，會變成以替代的方式欺騙對方，但卻無法滿足他對死亡經驗的需求。這樣的話，象徵化就不會管用；問題會再次出現——或永遠無法出現。

死亡經驗是必要的，沒有其他辦法，醫學或象徵性都派不上用場。我們為抗拒死亡所築起的高牆，證明了死亡的力量與我們的需要。如同崇拜、如同愛、如同性、飢餓、自我保護以及恐懼本身，都是通往生命根本真相的衝動。如果把這個真相稱為神，那麼朝向死亡的衝動也是朝向與神的相遇，有些神學家便認為只有死亡才有可能與神相遇。而自殺，這個神學上的禁忌，卻要求神現身。自殺所要求的那個神，以及似乎促成自殺行動的惡魔，是隱藏之神（Deus absconditus），雖不可知但可以被體驗，它沒有顯露，但在自殺的黑暗中比已顯露的神或祂的所有誡律要更真實存在。自殺讓我們可以融入神的黑暗面，也可能從中重生。自殺將面對神最終或最惡劣的真相，祂不為人知的負面真相。

但所有的知識與論點都無助於心理分析師勸服另一人。心理分析師也許說服自己，認為自殺幻想可接觸死亡經驗，病人是不幸地混淆了象徵與實質，但他將無法把這個傳達給那與他個相對而坐的人。這些論點，即使稱得上明智，卻完全無法穿透重要的經驗。它們被自殺情緒的動盪（dynamism）所偏離，虛弱地跌落到心理分析師的腳邊。我們也無法提供宗教與哲學的慰藉。如林傑指出，自殺衝動如此強烈地攫住靈魂，不管將什麼想法放入其中，都會被轉變成自殺幻想的能量。我們看到的不是「邏輯的謬論」，而是一個人被一種象徵攫住。靈魂盲目而熱情地堅持己見。它不會接受勸阻；它會得到它的死亡——真正的，實際的，立即的。

它一定要得到死亡，才能重生。死亡的震撼現實若以任何方式被剝奪，其轉化就會變質，重生就會夭折。

心理分析師不能否認死亡的需要。他必須跟著一起走。他的工作是幫助靈魂上路。他不敢以防治之名來抗拒那種衝動，**因為抗拒只會使衝動更強烈，讓實質死亡更令人信服**。他也不能譴責所有的自殺願望為「發洩」，因為這樣他又是在尚未確定是否需要行動來取得經驗之前，就設下了阻攔的障礙。他也許不會特別喜歡某種模式。但只要跟著走，成為病人進入死亡的橋樑，**死亡經驗或許會在實際死亡發生之前就來到**。這不是象徵化的替代，雖然在那個時刻，象徵性模式可能會同時出現。如果死亡經驗誕生了，就是第二次重生的前兆。象徵模式意味著一種新的現實將要出現。著迷於自殺幻想的人在心理上無法體驗死亡。他無法在體驗上區分**心靈現實**與其投射，因此實質現實與肉體死亡是如此令人信服。但當自己肉體死亡的衝動被心靈內在的瞭悟所克服，心靈現實就具有了神聖與不可摧毀的特質。這是傳統所謂的「鑽石身」（diamond body）[2]，比生命本身還要堅固。

藉由跟隨自殺衝動，心理分析師開始聚合靈魂，以心理的形式呈現靈魂的要求。他把靈魂放在優先，不逃避靈魂的任何意圖。在這方面，他從巫醫那裡學會將死亡經驗放在最重要的地位。他盡可能克服任何對死亡經驗的成見。就像巫醫，他自己已經赴死過；因為亡者最容易跟死亡溝通。就像巫醫，他歡迎死亡衝動的來到，視之為轉化的徵兆，他準備協助其他人進入這個經驗。他不會特別強調肉體的死亡模式，而是**專注於死亡經驗**。一旦心理死亡得到確認，就可以從生理的執著上得到解脫。

放棄虛假的希望，進入真相

這種經驗，如我們已說過的，有很多形式，例如憤怒、自我痛恨與折磨，但主要是絕望。越是有意識朝向自殺的衝動，就越會讓所有心理生命都蒙上絕望的色彩。這種絕望越是持久，自殺就越不可能「輕易發生」，因為沒有任何希望，沒有任何期待，沒有任何要求。這是心理分析的絕望。不會想去追求虛假的希望，甚至連讓人去接受心理分析所希望得到的紓解都沒有。這是靈魂與意志的虛空。此時病人首次感覺沒有希望好轉，或甚至不認為會有任何改變。心理分析師帶領他到達這種時刻，並且藉由召出這種絕望，釋放了自殺衝動。整個工作都倚賴這個真相顯現的時刻，因為招致病人抱怨的虛假生命與錯誤期望就此死去了。由於這是真相的一刻，也是絕望的一刻，因為沒有希望了。

只要心理分析師可以放下藉由提供希望來進行治療的醫學式反應，就可以跟著病人一起進入絕望。藉由放棄自己的希望，他便可以開始接受病人的經驗，接受已經無計可施的狀況。於是，**他什麼都不提供，只提供經驗本身**。我們無法靠著使溺水的希望復甦、注入建議與忠告或開出藥方，來克服絕望。如果絕望已經十分徹底，出現了臨床的憂鬱跡象，自殺幻想就會成為進行分析時的主要內容。但是這種情況不會更危險，更危險的是同樣的內容潛伏在深處，而病人在困惑的海洋中攀住了妖怪。

心理分析師或許會告訴自己，什麼都不提供反而是對待個案最好的方式，因為這提供了機會讓心靈的自然運作自行表達。他若根據這個想法來行動，他就不是什麼都不做——他再次進行治療了。他把病人單獨留在絕望中，再次用替代物背叛了病人。這個替代物比較隱約：提供了虛假的絕望，其實是帶著希望的阻攔。

此時心理分析師被迫找出他為何希望病人活下去的理由。如果他的病人只是一個工作，一種「接受個案」所必須承受的負擔，他就會在無意識中殺死他的病人，因為我們都想要擺脫負擔。許多自殺的人覺得自己成為負擔的感覺已然如此強烈，因此自殺常是一種利他之舉，以便減輕他人的負擔。當情況變得艱困，醫療責任或尊重生命等原則是不夠的。心理分析師被逼著要面對他自己的個人愛慾之神，被逼著要去察覺為何病人對他有價值。我真的需要他並希望他活下來嗎？我們關係的獨特性何在？我為何牽扯此人超過其他人？沒有這種個人的參與，每個病人都可以是別的病人。所有關於個體性的討論便都是空話。

沒有這種個人的愛慾之神，就沒有容器來收納毀滅的力量，那傷害與殺戮的欲望在危機時刻便可能被召出。而緊密的結合使自殺的情緒在心理分析中得以聚集。憤怒、仇恨與絕望似乎是直接衝著心理分析師個人。有些心理分析師試著將整件事還原為童年的磨難在移情作用之下的重演。是的，受傷害的童年會影響我們大多數行為，尤其是在危機時；但對於心理分析師的攻擊最好是從祕密結盟來思考，還有親密人際連繫的象徵性本質所召喚出來的模糊曖昧。這些破壞的情緒所想達到的主要目標是：把人際關係的容器本身消融成絕望。因此，心理分析師的愛慾之神甚至必須要能容納絕望。他的愛慾就不會被用來當成手段，變成「因為我愛你，所以你要活下去」，來強逼病人擺脫絕望。

並肩觀看生命與死亡

藉由真實面對無望的情況，心理分析師從自己與別人身上召喚出一種無動於衷的（stoic）勇氣。讓這勇氣保持警醒，恐慌反應所帶來的威脅便會消退。他們一起堅定站著觀看生命與死亡——或兩者之一。沒有治療在進行，因為他們兩個都放棄了希望、期待與要求。他們離開了世界與外在的觀點，將意象、情緒與心靈所呈現的意義視為唯一的現實。死亡已經進入，因為活下去的憤怒已經消退。個案歷史記錄下來的是：「沒有動靜」，而靈魂歷史也許發生了深遠而無以言表的經驗。

保持這種觀看也意味著注意**荒謬與瑣碎的生命細節**。因為死亡經驗不僅壯觀、深奧與無以言表，也會把日常事物消融成荒誕可笑的樣貌。各種事情都會發生；奇蹟與錯誤同行。但這種注意細節可能無法用於治療、用來「幫助生命繼續」，或「支持自我」。專注於荒謬似乎是死亡經驗本身的一部分，從舊習慣之中帶出全新的驚人意義。轉化也帶著對矛盾與共時性的覺察，其中理智與無理融合為一。

有人說活下去是為了孩子、父母，也就是其他人。因為這個原因，心理分析師會提醒病人：死亡對其他人是有影響的。但這一樣還是在避免自殺毫不掩飾的強度所帶來的風險。自殺讓社會與人性的責任，甚至集體的靈魂，都**陷入極端困境**（in extremis）。因此，如我們已知的，正式的觀點有很好的理由譴責自殺。**自殺成為我們獨立於其他所有人的典範**。在自殺危機中必然是如此，因為此時所有其他人都代表**現狀**（status quo），都代表必須被絕對否定的生命與世界。但這些事情都不再真的重要，想起它們只會強化生存驅力。因此，心理分析師可以把自殺姿態當成「哭喊求救」——但不是要求活下去。那毋寧是哭喊尋求協助死亡，協助有意義地經歷死亡經驗。心理分析師扮演與生命聯繫的角色，但只有當他不再堅持這種聯繫時才會發揮效用。他不支持生命，也不支持死亡，而是支持體驗這些對立。

自殺除了成為獨立的典範，也是自私的典範。整個世界縮成了以渺小的「我」來衡量：我的行動，我的死亡。克制只是全能的偽裝。無論是在隱匿的寂靜中或城市中心的高台上，都有著唯我獨尊的自私執著。其他人的世界——例如自殺未遂的人首先被送進的急診室——對於這種自私都表示不屑。然而，心理分析師可從這種自私看到微小的自我（selfhood）種子。這顆種子必須封閉於自身，才能產生它自身的存在；它必須完全是「我」。在負面的自私中，有著對個體性的肯定。

轉化在沒有希望之時開始

心理分析師在意識上專注於死亡經驗的進行，繼續分析下去。死亡經驗經過了肯定與強化，能在性格中有意識地實現。死亡經驗不僅是度過，而是抵達、完成，契入心靈之中。

因為不阻攔任何東西，他讓病人能夠經驗死亡。**他給予病人處處碰壁而不可得的機會**。心理分析師現在成為靈魂嚮導（psychopompos），在最關鍵時刻不破壞信任。他維持對祕密結盟的信念。個案知道自己可以依賴心理分析師，因為他們之間的瞭解甚至無法被死亡破壞。藉由完全不阻攔，心理分析師還是做到了能夠防止實際死亡的一切方式。他如此徹底進入另一人的立場，另一人不再孤立。他也無法自由打破祕密結盟，單獨往前走。

心理分析的絕望就是共同面對現實，而所有人類現實的**先驗**是死亡。因此個體被鼓勵面對他對於昇華與絕對的強大需求。我們便回到斯賓諾沙的看法：解脫之人想著死亡，但他沉思的是生命。

轉化在沒有希望之時開始。對救贖的哭求因絕望而產生，希望對這救贖而言，則會太樂觀、太自信。救贖不是帶著希望的聲音，如耶穌呼求著：「以利！以利！拉馬撒巴各大尼？」（Eli, Eli, Lama Sabachthani?〔意為：主啊，主啊，為何放棄我？〕）十字架上的哭喊是所求助的原型。它哭喊出被背叛、犧牲與孤獨的苦痛。什麼都沒有了，連神都沒有。我唯一確定的是我的受苦，我請求用死亡帶走這些痛苦。如動物般敏銳察覺痛苦，並且完全認可這痛苦，成為轉化令人覺得羞辱的理由。絕望在死亡經驗之中出現，同時是重生的必要條件。之前的生命，之前的現況（status quo ante），在絕望誕生時死去。當下只有那一刻本身存在——迎接任何可能的來臨——只要能等待。等待就是一切，而且一起等待。

這種對經驗的強調，這種對靈魂的忠誠，這種對現象堅持不涉入感情的科學客觀，以及這種對心理分析關係的肯定，可能釋放出靈魂所尋求的轉化。這可能在最後一刻才發生，也許永遠不會來到，但沒有其他方法。

如果沒有來到，心理分析師只能獨自一人判斷自殺是否必要。必要意味著無法避免，就像意外或疾病。柏拉圖著名的合理自殺準則，寫在《對話錄》〈斐多篇〉（Phaedo 62），他藉由蘇格拉底說：「……也許有理由說一個人應該等待，不要自殺，直到神召喚他……」此後，這種「召喚」（也有不同的翻譯，包括「必要」、「衝動」）總是被當成一種外在事件，以一種艱困處境呈現（失敗、意外、疾病、災難）。然而，這種必要難道不也會來自於靈魂？如果心理分析師已經容許死亡經驗**充分發展**，而靈魂仍堅持以自殺獲取生理死亡，難道不能被當成是無可避免的必要，一種神的召喚？

超過這一觀點，猜測為何有人必須這樣進入死亡，為何神召喚某些人自殺，就是質疑神以及神對人類的要求。然而，這會帶我們進入形而上與神學的領域，亦即超越了心理學以及本書的界線。

註釋 NOTES

1 心理主義為一種哲學態度，指在建立或解釋其他非心理的事實或法則時以心理學為中心。

2 榮格認為古代煉金術目的在於將不完善的物質轉變成黃金，在哲學或神學上則變成神聖的雙性，而中國古代煉金術也有同樣思想，其目的是為了創造出「丹身」（diamond body），或可稱之為「金剛身」。

第二部

心理分析的挑戰

我幾乎無法掩蓋這個事實：我們心理治療師真的應該是一個哲學家或富於哲理的醫生——或我們其實已經是……

——榮格，《心理治療與一種生活哲學》（*Psychotherapy and a Philosophy of Life*），一九四二

心理學的方法所得到的重要性遠超過其他行業。因為它既是一種成長，也是一種發現……因此心理學的證實要求每一步、每一個假設都要經過檢查與證實，也要滿足靈魂的價值，因此成為實現靈魂的一種方法。所以一個心理學家對靈魂的瞭解賦予他某種資格，而科學知識永遠無法賦予科學家同樣資格。科學家務必把自己的性格跟他的知識以及應用這些知識的事物分開：他對於方法的運用不受到該方法對他的影響所限制，他的探究與他的性格無關，而不是憑藉性格去進行。這對科學家而言總是做得到的，實際上是強制要求如此。心理學家就不是這樣，他在研究世界的同時，既創造了世界也創造了他自己。

——伊凡吉洛・克利斯托（Evangelos Christou）1，《靈魂的法則》（*The Logos of the Soul*），一九六三

我不是個機械，由各種部分組成。
不是因為機件運轉錯誤，
我才生病。
我生病是因為靈魂受傷，深及
情感本身
而靈魂之傷持續時間很久、很久，只有
時間才能幫助
還有耐心，與帶著某種困難的懺悔
漫長、困難的懺悔，明白生命的錯誤，並且
釋放自己
從無盡反覆的錯誤
人類普遍選擇如此來洗淨罪惡。

——勞倫斯，《療癒》（*Healing*）

註釋 NOTES

1 伊凡吉洛．克利斯托出生於希臘，成長於埃及的亞歷山卓城，在英國劍橋接受教育，曾師從哲學家維根斯坦（Wittgenstein），隨後於蘇黎世的榮格學院（C.G. Jung Institute）接受訓練。一九五六年在埃及因車禍身亡。《靈魂的法則》一書係在他過世之後出版。

【第六章】

醫學、心理分析與靈魂

我們對自殺的討論顯示了一個心理分析師如何看待自己的工作。透過面對最困難的心理分析問題，心理分析的挑戰尖銳地集中呈現。心理分析師必須從自己的經驗發展出對這些挑戰的回應之道，而這些挑戰和心理分析師的回應，則不可避免地形成了**心理分析的存在論**。這意味著，心理治療已經必須找出其專業訓練的原型根源。完成之後，「外行的心理分析」這個詞彙就會消失，因為心理分析師不再被視為是外來的觀點，也不會如此自認。他不再是外行的傳教士、外行的醫生、外行的心理學家。他會有自己的立場，在各方面都被審視和探索。

心理分析界已開始從各種方向來劃清界線。存在主義精神醫學試圖重新塑造心理治療。探究溝通與語義、治療互動、移情與反移情，還有宗教與心理治療的交互滋養，都是心理治療的新做法，嘗試從周圍的領域中脫離出來。

徹底的成果，也就是真正的心理分析存在論，將取決於**靈魂的科學**。這個科學將畫出心理現實本身的界線，獨立於心理內容、行為表現、態度等等。它將處理方法以及假設的驗證與推翻的問題。它將提出心理現實的辨識標準，訂立心理真相與心理事實的意義。它也必須澄清心理分析的根本經驗：洞悉、意義、退化、移情、精神症狀——以及「經驗」本身。這將促成關於「內在」（inner）的存在論，而這「內在」，由於是借自其他領域的語言與觀點，目前仍不恰當地被視為存在於身體或頭腦之內。

這是很龐大的計畫，超過了本書的範圍。它需要激進的新思維，願意脫離物質科學、神學、學院心理學與醫學的基礎，簡言之，這是完全屬於它自己的領域。這個任務在開始時，也許會將心靈本身從其他會顯示出心靈的不同領域之中分離出來。因為人類的一切都可以說是反映了某方面的心靈，要藉由揭露心靈的結構、內容與功能來分離出靈魂，就要先拒絕使用其他領域的工具與載具，才能達成這個任務。這種拒絕的必要非常迫切，正如對自殺的探究所顯示出來的。其他領域都從外在角度看待靈魂的問題，只有心理分析單獨從個體開始，因此心理分析是第一個用來建立靈魂科學的工具。因為心理分析是適當的工具，心理分析已經建立起來的結論，不管多麼片段與矛盾，必然要比其他領域更有份量。

心理分析的存在論不能把心理分析與存在相提並論，或借用存在主義哲學的外來語言與衡量、加權系統。心理分析的存在論雖然很類似哲學，但它其實是一種分析心理學（analytical pshchology）。是一種心理學的分析、心靈的分析——而不是現象學或存在主義哲學。分析心理學主要是探究無意識過程的科學。這些過程就像小溪與河流，形成主要河道系統的網絡，是個體化的過程，流過每個人，在流向大海的過程中發揮影響，而塑造出一個人的自我。各種無意識過程也可以被瞭解為神話主題（mythologem），或神話片段，出現在行為與夢境中，一起構成每個人個體化過程中的核心神話。心理分析的目標是要促成流動，並把象徵片段連結成神話模式。研究這些過程時，我們會發現系統、規律、秩序與連貫。它不光是沉悶地接受任何既有的存在式分析（daseinanalyse）。個體的存在既不是模式，也不是展望。一切皆可；因為真正的存在無法單獨從個體意識之中取得準則。主觀與客觀心靈並不等值。這導致在人們存在的孤獨中崇拜個體性，而不重視那些根本的無意識過程，這些過程同時也是共通的人性以及個體化的基礎。

這種無意識過程的科學，需要大量能夠被描述與客觀溝通的知識，以用於臨床的預測上。對這些過程的探討，需要以鑽研科學的態度來研究。因此存在論必須與實證事實連結起來加以處理。這不是存在主義存在論的方法——這種方法不重視實證事實、科學調查、無意識、心理學過程描述或甚至心理學本身，它只是存在主義哲學不稱職的僕人。

榮格揭露心靈的基本運作模式

澄清心靈現實的最重要貢獻來自於榮格，他揭露了心靈的基本運作模式，他稱之為原型，或靈魂的器官。他認為心靈現實有客觀領域，有自己的律則，並需要自己的方法，因為堅持這些主張，他被正統醫學、神學與學院心理學強烈反對。他們也宣稱有權利定義心靈。心理治療開始於醫學領域，神學則認為人類靈魂是它的地盤。榮格描述了他們已經分派妥當並命名的心理過程與內容，此舉似乎正從醫學、神學腳下挖走立足之地。對他們而言，榮格侵犯了他們的領域，而且只是個外行的。

榮格有勇氣堅持立場。他認為靈魂是第一個人類現實。他不從強調物種或群體的生理學或社會學來找尋根源隱喻，而是藉由示範人類性格追求獨特的自我轉化能力，明確支持個體。他將此歸功於他的病人；他相信他們的靈魂。一個人有勇氣表達自己的經驗，便能賦予靈魂真實的存在，因此推動了尚未建立的存在論。這是建立的唯一方式。**它取決於每一位參與心理分析的個體支持自己的經驗**——他的症狀、受苦與精神失調，以及看不見的、正面的成就——在一個不重視這些事物的世界。只有當我們每個人有勇氣把靈魂當成我們自己生命的第一現實，支持它而不只是「相信」它，靈魂才會再次成為現實。

要建立心理學的存在論，我們不需要等待一個集大成的天才來建立一套統一系統，好讓所有參與者找到自己的空間。這種折衷之道被嘗試了多年，只產生了更多新學派與新爭論。心理學存在論是由心理分析師打造出來、介於同業之間的存在，是由我們每人堅持自己立場而打造出來的，是由自己所處的位置打造出來的，是由所身處的心理分析過程而打造出來的。「過程之中的存在」（being in the process），如某些榮格派慣常這樣稱呼自己的心理分析經驗，是用來描述一種特別的存在狀態，因此是一種存在論的立場。這可以和畫家或作家的「身陷其中」或「陷入愛河」的狀態相提並論。「心理分析中的存在」（being in analysis）對被分析的人具有類似的意義。他在根本上——存在論上——體驗自己與其他沒有處在分析之中的人是分離的，就像「陷入愛河」的情況，把情人與一般人隔離開來。要達到這種位置，我們不需要為了存在論而躍入新的存在狀態，只要支持我們個別的經驗差異——那些閃耀的獨特性。

在心理分析師更進一步研究榮格之前——他們必須這樣做，因為他們的思維最接近經驗事實——心理分析師必須從殘留的神學、學院心理學，尤其是醫學之中釋放自己，它們仍擋在路上，成為分析心理學的錯誤路標。殘留的還有「外行心理分析師」這個字眼，這項研究要揭露其中的真相。**這項工作也要和神學、學院心理學與醫學競爭每一吋它們聲稱擁有的土地，以取得立場**。

這不算是侵略，而是解放被佔領的土地，讓心理治療的存在論能建立於自己的土地上。我們的努力是為了心理分析、心理分析師的觀點以及產生此觀點的靈魂根源隱喻。這個觀點被舊看法的殘留所阻礙的地方——尤其是醫學、精神科、佛洛伊德學派——就必須要拆除。

現代醫學將自己與靈魂分離

科學與宗教舊有的對立，如蕭（Shaw）的年代，或宗教時期，如史諾（Snow）的年代，都不再是真正的對立。新的對立，這一代的真正對立，是介於靈魂與所有想屠殺或販賣靈魂的，介於心理分析與醫學、神學以及學院心理學中每一個會蠶食靈魂的正式立場，介於心理分析師與其他任何人。自殺的議題讓這種衝突浮上檯面。

採取現今任何一般的立場都是無用的。我們都病得很重，且長久以來瀕臨集體自殺，渴求以個人的解答來處理龐大的集體問題，以致於今日之事只要能解決，什麼都可以。圍牆已經被拆除：醫學不再是醫生專有，死亡也不專屬於年老者，神學不屬於神職人員。

當然，醫生自己有靈魂，身為受苦者中的醫治者，他面對靈魂或許超過了其他人。但現代醫學教育排除了靈魂，要求醫生彷彿沒有靈魂，彷彿病人主要只是肉體。現代醫學把醫生從自己靈魂分離開來。他也許相信靈魂，在自己生活中聽從靈魂，但在工作上彷彿靈魂不存在。他被隔離於古希臘神話醫藥之神的真正醫學根源之外，醫學與心理分析的爭議，是希波克拉底學派（Hippocratic）[1]與阿斯克勒庇俄斯學派（Asklepios）[2]之間醫療衝突的重演。在關於醫學的心理層面上，今日的醫學訓練如此扭曲了學生，希波克拉提斯學派的所有優點都因為其偏頗而被打消。醫生如此倒向一邊，心理分析師便被驅向另一極端。這個不幸的事實使心理分析師在無意識中更強烈地召喚醫學立場，以致有時他不知道這種扭曲來自何處：究竟是來自現代醫學與其支持者，還是他自己的醫學陰影與十九世紀的心理分析背景。正如非醫學的心理分析落入醫學陰影中而成為外行，醫學也染上了心理分析投射的陰影。

這樣很難達成持平的討論。但這樣也好，因為平衡會讓人無法靠近邊緣。但一個人要到了邊緣，才會探討自殺。在邊緣，深淵就在旁邊，引發激昂的吶喊（cri de cœur），穿透任何持平的言詞。靈魂的守護者與醫生們以「心理健康」、「防治自殺」、「心理治療互動」、「宗教諮商」與「調查研究」等理由對靈魂所做的事，都在尋找同樣的答案，這樣是無法平衡的。

心理分析屬於心理分析師；只有他們對自己工作的想法才是有效的，在心理治療與訓練上，只有他們的標準是可接受的。所有其他人，醫生、教士、精神科醫生、學院心理學家、存在主義哲學家、社會學家，都是外行的，除非他們離開與他們職業不相容的舊有位置，把靈魂放在首位。不幸的是，因為太多心理分析師仍然偏好舊結構行之有年的形式，而這是他們之所從來，因此他們以同樣方式建立新的學派。他們繼續使用那些領域的醫學概念，根據自然科學、物質主義與因果論來描述。或者，他們突然完全放棄了科學精神，採取突然流行的德國存在主義或日本禪宗。

因此我們第一個任務是與心理分析師談心理分析，指出心理分析師能夠而且確實與醫學有所差異，事實上，他們不再如當代醫學同僚般行醫、思考或感受，就算他們在許多方面類似傳統的醫生概念。我們將逐章比對醫學與心理分析的觀點差異，指出心理治療必須將醫學背景拋諸身後並展開自己旅程之重要性何在。

醫學思維模式之為害

佛洛伊德率先指出醫學背景在心理分析中是不足夠、也不必要的。因此，本書第二部探討醫學與心理治療的分離，在某種意義上是他的論文《非醫學之心理分析的問題》（*The Question of Lay Analysis*）的延續。

佛洛伊德很快就看出醫學必須部分被放棄。他說在心理治療中，「病人不像其他病人，外行者不是真的外行，醫生不是一般人會期待的那種醫生。」心理分析師不會實際檢查病人身體；不進行身體上的治療；屬於器官上的毛病就會轉診；諮商室裡沒有醫療器材；沒有白袍或黑提包。這種「醫生」對醫學、病原與診斷、處方，甚至連緩解與療法，都不感興趣，算是哪種醫生？

佛洛伊德的論點與一九二〇年代對非醫學心理治療的激烈討論，已經是一個世代之前的事。從當時到此時病人類型的改變，使佛洛伊德的立場得到更多支持。今日，心理分析師看到更多「人格失調者」來進行「性格分析」，而不是為了舒緩症狀。心理分析更遠離了醫學的症狀治療，更靠近個體整體的心理。

諮商室對醫學方法的放棄，只是個不重要哨站的棄守；主要的醫學立場還是被保留著。同樣的醫學方式仍然繼續領導其他技法，這往往讓心理分析對關乎靈魂的事物帶有病理學偏見。用醫學來分析的危險之處，不是來自於醫學的弱點，而是醫學的強處，也就是邏輯嚴謹的理性物質主義。在醫學院學到的知識，佛洛伊德發現大多無法用在心理分析，這也比較不是問題所在（因為任何領域的學院訓練都要累積很多無關之物），有問題的是醫學思維模式，其世界觀（weltanschauung）。佛洛伊德強力支持非醫學心理分析，在他過世前一年的一封信中，他重申他的論點：「……面對美國明顯地想把心理分析變成精神醫學的幫傭，我甚至比以前更堅持我的論點。」（Jones, p. 323）

儘管如此，佛洛伊德派的心理治療大體上仍帶有醫學觀點。佛洛伊德的恐懼成真：佛洛伊德派心理分析成為了精神醫學的幫傭。現代一般精神科醫師所折衷採取的心理動力學（psycho-dynamic）[3]取徑，是經過稀釋的佛洛伊德精神。這是很受歡迎的態度，任何一般資質的人都可以掌握而不會有危險。因此一般精神科醫師在深度心理分析的蒸餾瓶中不用花力氣提煉自己的性格，除了在精神科駐院實習期間進行不足的淨化來清理他的無意識。

絕大部分的佛洛伊德追隨者排斥了他在非醫學心理分析與死亡驅力的立場，顯示佛洛伊德派心理治療仍是醫學的信徒。藉由否定了佛洛伊德在這些重要議題上的立場，佛洛伊德派心理分析變得可以被醫學接受。佛洛伊德派的人必須反對他們的導師，繼續強調心理分析訓練的醫學學位，因為影響他們立場的根源隱喻與醫學的沒有差別。

必須保留醫學思維才能科學化、實證化嗎？科學是心智的立場，需要反思、本著良心的誠實，以及事實與理念之間有秩序而活躍的互動。心理分析師仍符合科學家的基本定義——以及實證科學家——而不需要藉助醫學。榮格有時忘記這一點。有人抨擊他是「非科學的臆測」，他就退回到「醫學心理學家」的立場。「醫學」對他而言在此時意味著「實證」。他發展理念時配合著他執業中出現的實證事實。但一個人不需要具備醫學背景才能持續了解諮商室出現的事實，或才能擔心個案的福祉。

心理分析迥異於醫學

如果佛洛伊德對非醫學心理分析的問題採取強烈立場，他會完全退出醫學立場，不會只滿足於表示醫學訓練對心理分析是不需要也不足夠的。**如果醫學訓練無法滿足心理分析的條件，那麼心理分析必然與醫學不同**。佛洛伊德是否會採取這種極端的想法，是可以存疑的，因為他當時已不年輕，還是被困在他自己十九世紀的醫學思維中（畢竟，他的老師們出生在十九世紀初）。來到這種想法以及心理治療的盡頭，就會導向死亡的問題。佛洛伊德在這裡也保留了與自然科學關係密切的觀點，這點從他對立於生命的死亡驅力的死神原則便可得見。佛洛伊德派的這種原則含有太多負面的人性，當佛洛伊德說「生命的目標是死亡」，對一個受到自身專業系統引導而要為了生命去對抗死亡的自然科學家而言，這成了一個悲觀的聲明。心理分析的醫學取徑在根本立場上將必然是悲觀的，因為不管我們怎麼做，生命終究被死亡征服，而且生理現實總是比心靈現實重要。

但是那個聲明不必然是悲觀的。心理治療的盡頭意味著以完全不一樣的方式看待「生命的目標是死亡」。它意味著將這種立場視為心理分析存在論的邏輯基礎。心理分析走到盡頭意味著進入死亡，並從那裡開始。如果死亡是生命的目標，那麼死亡就是比生命本身還要基本。如果必須在這兩者中選擇一個，那麼生命必須臣服於它的目標。物質現實囿限於生命，必然只能臣服於心靈現實，畢竟靈魂的現實包括了生命與死亡。靈魂的矛盾是，儘管古老的定義將之視為生命的原則，卻也總是站在死亡那一邊。靈魂被賦予一個通往超越生命之境的開口。靈魂邁向完美的過程中，是無關乎肉體健康與生命的問題的。我們在每個心理分析的意象與情緒上都碰到靈魂的這種奇異特性，也就是，靈魂最重要的關切與死亡有關。心靈現實似乎把我們帶入一種無法表達且無理性的絕對，我們稱之為「死亡」。**我們越把靈魂當真，我們就越關切死亡**。靈魂的發展朝向死亡，透過死亡，召喚死亡經驗，如我們已看到的。靈魂與死亡的這種先驗關係，在哲學與宗教語言中被稱為靈魂的昇華與不朽。

因此，當一個心理分析師支持心靈的現實，便會在心理治療上走到盡頭。他可以面對自殺的風險而不與之對抗，不採取醫學行動。他可以放棄為肉體生命而奮戰的醫學基礎，因為他已經放棄了物質主義與科學自然主義把物質現實當成唯一現實的存在論立場。所以現在醫學背景的立場也必須放棄，心理分析師的工作一直被這種立場評斷、壓迫與遮蔽。這種背景將在後續章節中談到。

註釋 NOTES

1 希波克拉底在其所身處之上古時代，醫學並不發達，然而卻能將醫學發展成為專業學科，使之與巫術及哲學分離，並創立了以之為名的醫學學派，對古希臘之醫學發展貢獻良多，故今人多尊稱之為「醫學之父」。

2 阿斯克勒庇俄斯為古希臘神話中的醫神，太陽神阿波羅之子。阿波羅將他交給醫術高明的半人馬凱龍（Chiron）撫養。阿斯克勒庇俄斯為了黃金而把一個已經死去的人救活，此舉觸怒了天神宙斯，於是宙斯下令用雷火將他和被救活者一起擊死。

3 根據心理動力學的觀點，行為是由強大的內部力量驅使或激發的。這種觀點認為，人的行為是從繼承來的本能和生物驅力中產生的，而且試圖解決個人需要和社會要求之間的衝突。

【第七章】

文字之事

在執業上，心理分析並沒有醫學與非醫學的清楚劃分。在大眾眼中，各式各樣的執業者都被劃歸為心理分析師：精神科醫師、社工員、團體治療師、宗教諮商師、療癒師、臨床心理學家，與很多其他行業。大眾對心理分析所知甚少，也不知道要接受什麼訓練才能執行心理分析。那些曾經找過精神科醫師、心理治療師或心理分析師的人，都認為所有心理治療就跟他們所知道的差不多，不管他們知道的是哪一種。

成為心理分析師的主要條件一直都很簡單。心理分析師必須自己先接受分析，然後才能分析他人。這是佛洛伊德與榮格主張的原始前提，今日真正的佛洛伊德派與榮格派成員也會遵循。這被稱做為獲得認可而在訓練中所接受的分析（a recognised training analysis），也包括了對無意識的研究。心理分析師被分析過多少小時，是否有醫學學位，是否被同僚認可、取得政府執照，或畢業於心理分析訓練學院，這些問題都是次要的，主要的規範是：**心理分析師必須先接受心理分析，才能去分析他人**。這既是主要的訓練，也是這個職業的測試。因此心理分析師可以把未受過心理分析的人——不管他們的學術資格與臨床經驗的資歷如何——都視為外行。很自然地，往往他們所偏好的心理分析師是接受過長久而徹底的分析，並由受到認可的老師相伴，而這位老師也曾在他導師的督導下執行心理分析，且畢業於訓練學院。

大眾往往把一切與心理治療有關的種種都放在一起，而常常忽略一個事實：**大多數精神科醫師自己從未被心理分析過**，而且心理分析不是他們訓練的必要部分。當然，也有許多其他精神科醫師因為完成了心理分析的要求，因此也是心理分析師。精神科醫師的訓練首先是醫學，然後是臨床實習診斷住院病人，大多是用生理上的治療方法。另一方面，心理分析師處理的是可以自由來去的病人，使用心理學的方法。有些精神科醫師從臨床轉到私人開業，根據的只是他們與其他人的經驗，自己沒有接受心理分析。對心理分析師而言，這種精神科醫師——如果他從事任何心理分析——都是外行心理分析師，儘管他是合格的醫生與精神科專家。

對心理學家而言也是同樣的道理。在大學受過訓練的心理學家擁有博士學位（Doctor of Philosophy），也許有接受過心理分析，也許沒有；也許有加入專業認可的心理分析師學會，也可能沒有加入。有些人根據他們攻讀學位時所學到的來實習心理分析。他們在學院中學習的領域是統計方法、與神經系統有關的意識過程、在實驗室進行動物行為實驗、心理測驗與在心理診所進行諮商，只跟一般心理學有關。再次，這些心理學家若沒有受過心理分析以得到特定的心理學訓練，他們的分析就仍然是外行的。

「外行心理分析」這個詞也被心理分析師以另一種方式來使用。以前佛洛伊德稱之為「野蠻精神分析」（wilde Analyse）。心理分析業界組織成在地與國際等不同的學會，追隨不同的學派思維。儘管不同，都要符合特定的條件才能獲得准許執行心理分析。一個人如果沒有足夠的被分析經驗，或沒有跟隨受認可的心理分析師，或沒有真正的學術資格，或沒有執照，或因為資歷來自外國，或其資歷不是法規認可的領域等等，卻進行心理分析執業，那麼就又多了一個「外行」心理分析師。

來自醫學陣營的謫貶

然而，在今日，**外行心理分析這個議題主要都是從醫學觀點來呈現**。「外行」這個字眼就是貶低，最早是來自於醫學陣營。這個字眼把心理分析分為兩類：醫學與非醫學。嚴格的醫學論點如下：心理分析是精神科的專業項目，而精神科是醫學的專業項目；因此，心理分析師是一個專業醫生。心理分析是精神病理學的一種治療處置。這些處置都完全而且只屬於醫學專業，他們授權給自己，並憑藉法規的授權來進行治療處置。任何進行心理分析的人就是執行醫療；任何執行醫療的人如果沒有醫學學位，不僅是外行，也是密醫。

這種極端立場通常不會被如此大膽指明。但還是需要指出來，因為這對心理分析有很大的影響。它影響了非醫學心理分析師的職業立場。有時候，心理分析師必須在精神科醫師之下工作，而這位精神科醫師卻從未受過心理分析，也不曾研究過無意識；或更糟，心理分析師也許被法規完全禁止執行其專業。

更嚴重的是，醫學立場影響了所有心理分析師的思維與工作執行，醫學或非醫學皆是。認為心理分析是精神科的專業項目，而精神科是醫學的專業項目，這樣的論點暗暗地透過包括心理分析師自己內在的立場來破壞他自己。他相信他的工作受到醫學體系的規範。因此，他往往會用醫學方式來構思問題與形成答案，導致他把自己當成外行。他採取了醫學立場而不自知。他忽略了這論點之中似是而非的推論，只有心理分析才是完全致力於心靈的問題。心理分析的材料、方法與目標，都是心理學的。只有這個體系是探討自然狀態中的心靈，意即處於人際關係之中的狀態。**心理分析最簡單的定義是，探討一段人際關係中的無意識心理事件，目的是要讓它們受到意識察覺**。精神醫學只是探討這些事件的一種方式，這種方式被其醫學基礎所限制。除非心理分析師清理了他自己內在這種不可靠的思維模式，不然他將永遠無法用他自己的方式來建立自身的體系。

還有，除非他能完全站在靈魂這一邊，否則他將永遠辜負他的天職與個案。

有一個論點認為，因為心理分析源於醫學，所以屬於醫學。佛洛伊德與榮格都是醫生，佛洛伊德是神經科專家，榮格是精神科醫師。心理分析源於醫學，並且被醫生所發現，僅僅因為只有這兩者會注意到心理病理學，亦即靈魂的受苦。在達爾文找出了人類的猿猴祖先、尼采宣布上帝已死以及十九世紀的理性物質主義之後，靈魂就朝向精神科醫師的諮商室求援。心靈疏離了靈魂的世界，因為這個世界失去了靈魂。佛洛伊德傾聽他的歇斯底里病人，如榮格傾聽他的思覺失調症患者。他們找到了意義，在最臆想不到的地方重新發現了靈魂——在病人與瘋子身上。雖然再次發現，卻讓人懷疑靈魂與其受苦是否必然屬於醫學領域。

換言之，追尋的人發現他們的研究最後導向心理分析師。我們可以取笑這種「看心理分析師」的流行，但這仍然是一個心理事實。宗教與醫學，過去與現在，都過於理智，而無法對**陷入極端**的靈魂提供有效的應對做法，而正是因為**陷入極端**中，陷入源於無意識的受苦與症狀中，我們第一次開始感受到靈魂。靈魂被埋在那裡，需要**心理學**的幫助，使用它自己語言來幫助。人們呼求著關切這種心靈的人，一個靈魂專家——而不是醫生或傳教士，甚至不是朋友。心理分析師並不想要成為傳教士或醫生，並且但願世上有更多有智慧的朋友與真心的情人！心理分析是被迫上場，因為沒有其他領域可以與心靈本身有關。心理分析開始於身處暗處的靈魂，因此心理分析師成為黑暗面的專家。他們支持無意識與被壓抑的一切，他們的工作是屬於左手的、是兇惡的、是庸醫、是非學術的、是魔鬼的手下。但從這種極端的立場，心理分析師可以遇上被放逐到生命極端裡的靈魂。

「醫生」的原始意涵

最初的醫學有另一種立場。它源自「醫生」這個語詞的基本意義。我們將探討這些語詞，看看當醫學從舊有立場轉而越來越採取自然科學的觀點的過程，而其留下來的空位，則開始被心理分析師所佔據。

「醫生」（physician），如「物理」（physics），是來自於希臘文的「自然」（physis）。這個語詞主要不變的字幹是bhu，意思是成長、生產。來自同一個字幹的還有「生存」（to be）與「存在」（being）。醫生原本是自然的學生。他是哲學家，探討存在的本質（the nature of being），或存在論，也探討自然的存在（the being of nature）。他透過對人的研究來學習自然，而這接受研究的對象，則一直被視為完整的人，他的本質並不是是物質。這是在人與自然分裂之前，在自然被視如物質一般之前。但是從十七世紀之後，物理就取代了自然哲學，醫生轉向物理來探究最終的人類本質模式以及處理的方法。朝向自然科學，他就遠離了人的本質。結果一方面達成了現代醫學的偉大成就，一方面卻造成現代醫生非常難以瞭解他的病人身上那些不能被理性科學解釋的部分。

「醫生」（doctor）一詞來自拉丁文 docere，教導。相同字源的包括「領導」（ducere）與「教育」（educare）。溫馴（docile）的動物很容易教導；「文件」（document，拉丁文為

documentum）是教本，就像「教義」（doctrine，拉丁文為doctrina）是教導的內容，一種科學。天主教傳統所謂的「教會博士」（Doctors of the Church）[1]，是偉大的神學家與哲學家。在中世紀醫學機構中，能被稱為Doctor的是醫生中擔任教導的人，就像現在德語機構中所稱的講師（Dozent）。這意味著擁有doctor頭銜的人應該是一個持續學習、有學問、探尋的人，有能力教導他人。但現在這個頭銜只給執行醫療的人，是有點奇怪。

醫學（medicine，法文médecin是指醫生）與醫檢（medical）也是來自於拉丁文。medicus接近拉丁動詞mederi，意為照料，因此有「醫藥」、「醫療」的意思。再深入的話，我們又會找到哲學層面的意涵。mederi，照料，與表示冥想、反思的medeteri同一字源。它們源自古伊朗文vi-mad，思考、欣賞、衡量的意思，都是意識的反思。類似的還有蓋爾語（Gaelic）中的midiur，意為判斷；med，意為平衡。如普林斯（G. S. Prince）與萊亞（Layard）指出的，med是支點或中央的東西（medius），靠著區分（mediare）來維繫對立的兩方。

這可以詮釋為醫學提供的照料與治療，和冥想、深沉的反思相聯繫。「衡量」與「平衡」則超越了藥物上的用意。medicus衡量自己，如同測量體溫與劑量。他必須與自己諮詢，才能夠適當地診察病人。照料與治療不僅是外在醫療行為產生的事件。醫療事實上是需要醫生的意識來參與的冥想。思考理論就像實際行醫一樣必要；諮詢自己就跟諮詢同儕一樣有幫助。冥想是theoria，是宗教生活的祈禱與觀想。簡言之，「醫學」通往自我心理分析。

與心理分析相關的字源

希臘文therapeia也意味著照料。字根是dher，意味著提攜、支持、把握，與dharma有關，這個梵文意味著「習性」與「習慣」，有「支援者」（carrier）的含意。治療師就是支援與照料的人，如同僕人一樣（希臘文是theraps、therapon）。他也是可依賴、可信賴、提供支持的人，因為dher也是thronos（王座、座位、椅子）的字根。我們在這裡找到了心理分析關係的詞源。心理分析師的椅子的確是一張強大的王座，引發依賴與神聖的投射。但被分析的人也有椅子，而心理分析師是被分析者的僕人與支持者。雙方都付出了情感，依賴是共同的。然而，這種依賴不是私人的、互相的，而比較是對客觀心靈的一種依賴，雙方共同為治療過程而服務。藉由提攜、仔細照料、盡力關切心靈，心理分析師把「心理治療」的意義轉譯成生命。心理治療師就是**靈魂的照料者**。

值得注意的是「治療」（therapy）這個字眼已經從醫學用意上消失了。它更常出現在非醫學的專業：心理治療、團體治療、物理治療、職業治療、遊戲治療等等。在此，情感層面例如細心照料與彼此關心，是主要的內容；而在醫學上，那些層面被更理智的程序所取代，例如診斷、用藥與手術。

醫生遠離了這種治療的意義，就更接近希臘文最早指稱醫生的語詞，iatros。iatros的來由不明，但有專家認為意思是「讓人再溫暖起來的人」；iatros是激揚並使之恢復生氣的人，是對抗冰冷死亡的人。iatros據說與ira有關，其拉丁文含意是憤怒、攻擊、意志、力量、脾氣、怒火、易怒。**因此「精神科醫師」（psychiatrist）意味著為心靈賦予生氣者或啟發者**。他用刺激與興奮來帶回溫暖與脾氣。電擊與其他外來刺激，便是這種古老概念的現代具體表現。

還有其他的激揚、恢復生氣與啟發的方式。透過與病人在治療過程的情感參與，也可賦予生命。此時，醫生向自己的精神與靈魂（anima）求助，以便為病人帶來溫暖與生命。不幸的是，他的白袍、消了毒的設備以及大多時候的醫療氣氛，往往阻止了這種情感的參與。同樣不幸的是，醫學立場讓很多心理分析師無法展現他們的精神與性情，擔心會是「建議」或「勸告」，因此不夠科學。如果我們從iatros的字根來看，醫療者的任務便是啟發、賦予生氣與點燃情感。當心理分析師做到這些時，他可能比他那些情感疏離的醫學同僚更符合古老字義中的醫生含意。

與病人的情感參與，歐洲其他語言有關醫生的語詞中也帶有此意：läkare（瑞典文），lekarz（波蘭文），lekar（塞爾維亞文，其他斯拉夫語系也與此字類似）。這些語詞的字根與拉丁文loqui一樣，是「說話」的意思，由此發展的字眼有「雄辯」（eloquence）與「饒舌」（loquacious）。與此字根緊密關連的是希臘文的「理性言論」（lekein），以及動物本質表達情感的聲音「哭嚎」（laskein），立陶宛文的「嚎叫」（loti），拉丁文「狗的嚎叫」

（latrare）。根據這些字根，醫療人員的任務與巫醫類似。透過咒語、祈禱與懺悔，這些情感層面的處置協助那些原始的醫生進行驅魔。他用自己的聲音來參與，從**理性知識之下的層次說話**。他甚至讓惡魔附身，把病患的疾病當成是自己的。

從這些脫離語言根源的情況來看，「病理學」（pathology）這個語詞的意義轉變最為明顯。字義上，病理學（the logos of pathos）最好的翻譯或許是「研究受苦」。pathos的印歐語系字根是spa，可見於現代德文中的spannen、spannung，指長時間的拉開，如弓弦的張力。從此字根發展出「病人」（patient）與「耐心」（patience）。兩者都是長期受苦，如煉金師所說：「耐心中存在著靈魂」。病理學的根除在現代語義是消除疾病，當運用在心靈之時也是指消除壓力與受苦，耐心忍受，最後是與靈魂一起忍受。「病人考驗醫生的耐心」（the physician's patieuts try his patience）不僅是乏味的雙關語而已。靈魂寓居於耐心之中，醫生的病人之中有醫學靈魂。醫生面對病人、瞭解他們的病因、忍耐受苦與壓力並壓抑自己的熱情主張（furor agendi），展現自己的耐心與靈魂深度。

本章離題的內容，指出醫學專業另一種在文字上的基礎。這個較古老的另一種基礎一方面是哲學的，另一方面是情感的。它指向冥想以及一種情感參與，兩者都超越醫生身為自然科學家的狹窄智性觀點。這另一種基礎接近心理分析師的立場，因為他們靠著瞭解人來研究自然。除非醫生能找回對於自己天職較早與較整合的觀點，否則醫學對於「治療」、「醫生」、「病人」等字眼的專制特權不該繼續下去，醫學對於心理治療中誰是外行或什麼屬於外行的意見，也不該被視為是正確的。

註釋 NOTES

1 教會博士或稱教會聖師，是基督宗教教會給予在神學或教義的發展上有卓越成就的學者及聖人的一種頭銜。

【第八章】

治療者為英雄

讓我們來探討，為何從醫學的觀點必須預防自殺、對抗疾病、延遲死亡。是否可能有一個根源隱喻，一種原型立場，塑造了醫生的觀點並引導他的行動？我們先前已把這種立場稱為畏懼死亡，發現有跡象顯示這種立場從幕後透過醫生的無意識影響著醫生的工作。很可能這種畏懼也符合了心靈中的某種意象，不單單是關於死亡的，也是關於無意識的。

有種隱喻，結合了對無意識與死亡二者的畏懼，可以在大母神（Great Mother）的原型象徵中找到。就算是死亡的陽剛代表（在荷索〔E. Herzog〕中可讀到）也通常是黑暗與泥土塑成的形象，隸屬於一個可吞噬一切的全能女神。死亡的敵人是代表光明、空氣與天空的英雄，是太陽神，意識的原則。

我們在心靈中對死亡的意象越物質化，英雄的武器就會越具體，意識的原則也會越實際可見。當死亡只被視為有機物質的死亡，那麼意識原則就必須屬於一個在有機層面上能夠實際迎戰的人。因此，今日帶有死亡鬥士意象的人，主要就是醫生。意識的原則、光明、空氣與天空的原則，都被物質化而成他閃亮的手術工具與各式各樣的藥物，被火焰與精靈清除了所有的地底雜質。

醫生從這種原型吸取力量。給予醫生英雄斗蓬的不是他的知識，因為對於生死，醫生所知的並不比其他人多，對於這點，許多年老的諮商師會立即承認，許多尋求診治的病患與年輕醫生也會失望地發現這點。也不是醫生的盡職與犧牲給予自己英雄的光環，其他人，甚至如煤礦工人，也有忠誠的道義，冒著很多危險，卻沒有被授予這樣的形象。醫生很神聖，因為他是最先對抗黑暗死亡的鬥士。對抗黑暗也許是人類的第一個任務；每次當醫生用夾板與繃帶處置病人或開出處方，都是在重複這場對抗無意識的退化惡龍、對抗「死亡的利齒」的戰爭。

醫生必須有所行動

因此，醫生必須做出處置。最重要的是，**他必須有所行動**。要是他不行動、完全沒作為，他就等於放棄對抗死亡，解除了他的原型角色。這個角色本意是要讓他能夠發揮醫療效果。他的任何被動都成為某種自殺。對他而言，「具有醫療效果的退化」是一個矛盾語詞。治療必須往前進，猛力對抗黑暗的力量。他必須對抗他人的死亡，讓他的內在神話繼續下去。他怎麼做幾乎無關緊要，只要能喚起救主的意象，就算只抵擋死亡來臨一點點時間也在所不惜。療癒

（healing）意味著給予處置（treating）。

許多安慰劑實驗、各種針對特定情況的治療方法（有時還互相牴觸）以及不同學派的醫學（正統西方、中國針灸、密醫、祖傳祕方、巫醫、順勢療法[1]、信仰療法、整脊、基督科學教會[2]、浸浴、非正統療法等等）都顯示，醫生做了什麼並不完全是重點，重點是醫生**有**採取行動。這並不表示正統醫學無用，可以用水蛭或拔罐來治療就好。這不是重點。顯然，今日西方醫學的運作系統中，某些療法是比較受重視的。顯然，科學化的醫學是有效的。**重點是，在任何學派的治療系統中，都有療癒者的原型**。這個療癒者原型賦予了醫生的神聖，使他的治療有效。換言之，療癒不僅存在於醫學，也存在於療癒者之中。

我們對於療癒者原型的想法一直很狹隘。一般認為治療者只為生命服務，這個想法尤其狹隘。生命在此又被降為生理運作。然而，原本的希臘文bios這個字，意味著整個生命過程或一個生命的運行，而不只是身體的功能而已。**療癒者真正的神是光**，不是生命。療癒者代表意識；他是帶來光明的英雄。希臘的療癒之神阿斯克勒庇俄斯是阿波羅之子。阿斯克勒庇俄斯本身並非眾神一員，他是太陽神的後代——只是意識之光呈現在世間的一種形式。療癒者原型並不依靠任何特定的醫學模式或方法，只要能夠照亮更多的意識就行。淨化、啟發、瞭悟與靈視、經驗的集中以及更廣闊的靈性空間，都是阿波羅的工具。療癒也能透過心理分析的辯證而產生，不必然僅限於生理醫學的具體技術、方法中。

醫學世俗化之後，神明不再是真實的。已死的神明根本無法療癒。今日，只有醫生能施行治療，因此他背負沉重，而且總是被迫要採取行動。他是自己的媒介，療癒來自於他的行動。他曾經是神明的媒介，遵從著神的旨意。在阿斯克勒庇俄斯的醫學中，有一種療癒系統至少有一千年歷史（在當代心理分析中仍持續運作中，如梅耶〔C. A. Meier〕所指出的），與現代醫生的樂於行動相比，治療者相當被動。疾病是來自於神明，時機成熟之後，神明會帶走疾病（通常時機永遠不會成熟，或更正確來說，成熟就是死亡，所以療法就是死亡）。所以，採取行動的是阿波羅。根據凱倫伊[3]的說法，阿波羅的綽號之一，bonthei，意思是「迅速赴援」。醫生是神的助手，根據他的知識之光來協助自然療癒的過程。但這道光永遠無法取代過程本身；知識不是療癒。今日，醫生獨自與生死奮戰，因為神明已死——或他這樣相信。他接替了神明，為自己的神聖地位標上標誌，就是他的迅速赴援、樂於行動，他的熱情主張（furor agendi）。

雖然醫生仍然被他的根源隱喻帶領，但他已經與之失去了連繫，因此有時候阿波羅似乎附身，驅使醫學欲求對光明、秩序、理性、節制、和諧、無情緒的完美，永不饜足。醫生崇拜這些原則，所有新成立的醫院都是世俗化的阿波羅神殿。高階祭司巡視病房，他們的白衣扈從陪伴著，經過生病的祈求者，使用祕教術語來下達指令。醫生越來越不會離開這個轄區，前往受苦者身處的非理性、沒被消毒的世界進行出診。生命的兩大時刻，誕生與死亡，越來越是發生在醫生的聖殿中，這聖殿當然不是為了誕生或死亡而設立的，而是為了疾病。

心理分析師在探究無意識之時，必須提防過度受到阿波羅影響。黑暗不是阿波羅的首要領域。與阿波羅相連結的意識往往會因為畏懼無意識而退縮，認為那等同於死亡。醫學心理分析的阿波羅背景會過於理智地運用辯證，將辯證過於當成技術來使用。心理分析師會想要創造秩序、理性並與病人保持距離。他想藉由把無意識帶入光明之處來清除問題。他自豪於解釋機轉，並以平衡與和諧為目標。最重要的是，他想保持疏離的態度，坐在一個高高在上、無所不知的奧林帕斯山神座之上。

阿波羅的對立面：戴奧尼索斯

如果阿波羅是情感疏離與理智清晰的，戴奧尼索斯[4]就代表參與。尋求阿波羅的心理分析師可能會得罪與阿波羅對立的戴奧尼索斯。如果心理分析師一隻腳在內、一隻腳在外，就像面對自殺風險時那樣，這是明智的做法，因為他便擁有兩位神明各自提供的立足點。

戴奧尼索斯的故事顯示了另一種立場。阿波羅是節制的，戴奧尼索斯是過度放縱的，最好的例子就是縱酒狂歡。祂以公牛、獅子、豹、蛇的形象出現。祂突顯出女性氣質。人們用舞蹈來讚頌祂，尊崇祂為戲劇之神，而戲劇是為了治療。參加戴奧尼索斯神祕儀式的人，會肢解並吃下這個神，把祂的血當酒喝。人們透過縱酒狂歡、熱情舞蹈與戲劇的激昂，將這個神明納為自己的一部份，或進入祂的神靈之中。

當心理分析師以內在極為黑暗而又切身的情感來工作，並且與直覺中浮現的神靈共同進行這項工作時，他便追隨了阿波羅的對立面。這種立場幾乎不可能存在於醫學，除非是採用巫醫的做法。這種對無意識完全不同的立場也是偏頗的。但在這裡，至少黑暗不再被當成是大母神，也不再因為從太陽英雄的觀點出發而必然讓人感到畏懼。有了戴奧尼索斯的幫助，心理分析師比較能夠進入病人的戲劇中，進入瘋狂之中，被扯成碎片，讓他內在的女性現身，承認他的動物形象，並且被力量、狂放的大笑、性愛的激情等肉體驅力所推動，並渴望更多、更多。戴奧尼索斯讓我們參與受苦，療癒英雄的迅速赴援在這裡變成能夠親身經歷的**情感考驗**，並透過這些情感來認同對立那一方擁有的相同力量。

對立的兩方——左手，右手；一腳在內，一腳在外——維持了心理分析師的意識張力。太過於偏向一方或另一方——疏離或參與——心理分析師就會無意識地淪為原型角色。阿波羅角色是最危險的，因為這角色往往透過醫學專業背景不知不覺地找上他。然後他成為了英雄療癒者，對病人帶來向他尋求治療的混亂採取反對、防制與畏懼的態度。

事實上，心理分析師不是療癒者。療癒者並不存在；只有讓療癒者原型產生作用的人，讓阿波羅與戴奧尼索斯透過他們發言。心理分析師只有在病人的扭曲視像中才是療癒者，因為病人無法從自身找到療癒的根源；他們不再能聽到無意識的療癒力量發出的聲音或瞭解其中的語言。所以，心理分析師必須在病人與神明之間斡旋——或許也在神明們之間進行斡旋。如果心理分析師認同了療癒者的神聖角色，他就迫使被分析者認同了補償性的病人角色。如此一來，心理分析就會永無止盡，心理分析師會強烈需要病人，一如病人強烈需要他。因為健康與療癒在字源上同樣意味著「完整」，所以健康不能依賴另一人來達成。只要病人一直向療癒者尋求他沒找到的東西，也就是病人自己與神明的關係，他就會一直都是病人。健康，如同完整，是個體性的完成，而且其中也包含了生命的黑暗面：症狀、受苦、悲劇與死亡。**因此完整與健康不會排除這些「負面」現象**；它們是健康的必要條件。我們可以開始看到，心理分析師與療癒者原型的關係，與他的現代醫學同僚們受到阿波羅傳統過度影響的狀況，彼此有多麼不同。

保持疏離的傳統在醫學中是很新的東西。以前醫學比較類似今日的心理分析，擁抱肉體與靈魂，擁抱阿波羅與戴奧尼索斯。不管是我們的文化或其他所有文化中，直到最近以前，醫生都有如祭司般服侍神明；現在祭司的職務仍然存在，神廟也在，但神明呢？啟蒙時代的新宗教把理性與肉體拱上王座，犧牲了愛慾與靈魂。現代醫學的困境，諸如：過度專業化、家庭診療、費用、醫院行政、醫療政策、醫學教育、醫病關係，並非出現在理性的技術層面上，反而是存在於愛慾與靈魂這個被忽略的領域中——所有這些議題顯示了人性的面向落入了陰影中。

大部分問題，是因為戴奧尼索斯被壓抑，直到近代以前，這個重要的療癒元素在所有醫學中都被強調。我們不得不猜測，當代的醫生並不能免於遭遇今日的身體難題，而且他不比病人更對肉體感到自在。他的物質主義，以及他之所以逃避到身體與心智可以清楚切割分解的實驗室與手術房，並不能全都怪他。在阿波羅的科學與戴奧尼索斯放縱於情感與幻想的年代，我們都用不同的方式做同樣的事。醫生背負著重擔，我們對醫生失望，只因為他背負了療癒者的形象，而我們如此迫切需要被療癒。我們期待醫生找到路，回到療癒者的原型形象，或許便能為我們指引方向。然後，心理分析師就不會被推到「唯有靈魂」、「唯有愛慾」、「唯有情感」的極端立場。此時，才可在兩位神明的療癒精神中找到真正的醫學、心理分析。

註釋 NOTES

1 順勢療法（homeopathy）為一種替代療法，此理論指如某物質能在健康的人身上引起某種病患身上的病症，則將此物質稀釋震盪處理後就能治療該病症。

2 基督科學教會（Christian Science）一八七九年由瑪麗・貝克・艾迪（Mary Baker Eddy）創立，她宣稱，這個物質世界是虛幻的，真正的真理和存在都是在精神層面上，所以所有的物質上的「錯誤」都可以靠更高層次的靈修來解決。

3 凱倫伊（K. Kerenyi, 1897–1973），古典文獻學方面的學者，在神話研究領域中具有開創的地位，與榮格交好。

4 戴奥尼索斯（Dionysos）是希臘神話中的酒神，古希臘色雷斯人信奉祂為葡萄酒之神，不僅握有葡萄酒醉人的力量，還因布施歡樂與慈愛，在當時成為極有感召力的神，他推動了古代社會的文明並確立了法則，維護著世界的和平，此外還護佑著希臘的農業與戲劇文化。古希臘人對酒神的祭祀是祕密宗教儀式之一，專屬酒神的戴奥尼索斯狂歡儀式是最祕密的宗教儀式。

【第九章】

病理學偏見

病理學研究的是疾病狀態的啟動與演化，被定義為尋找疾病原因與機轉的科學研究。通常疾病的概念是將病人與正常人之間的差異特性歸納出來而建立的。病理學講述的是生命過程（Bios）的失序。有生理病理學，也有心理病理學。

如第七章所述，病理學原本的意思是研究受苦；但在現代病理學，受苦的主體，病人的主訴，只是可供判斷疾病的因素之一，完全不是核心因素，而病理學的大部分工作是由從未見過病人的人所執行，他們只見過病人些許的物質成分。由於每個病人代表著主觀的可變因素，會對準確度產生細微的扭曲，因此醫學中的病理學家認為最好盡可能將受苦者排除在描述之外，才能快速準確指認疾病。由於病理學的影響，醫學越來越變成一種智性挑戰，醫生與病人之間的情感聯繫越來越少。由於焦點從病床轉移到實驗室，病理學的實驗方法影響了臨床立場，醫生採取了一種病理學的偏見來面對病人。這種偏見會讓他相信疾病是存在於人之外，研究疾病本身要比研究生病的人更正確。

當心理分析師的興趣從抱怨者轉向抱怨的內容與原因，他也就從病床轉移到了實驗室。他也開始被病理學偏見所影響。這種轉移在心理分析上要比醫學上後果更嚴重，因為醫學上有些狀況可以被隔離在**試管**中，可以研發出譬如解毒劑之類的東西，只在最後才用到病人身上。但心理分析中沒有寄生蟲、感染原或化學成分，只有病人本身；無法透過試管觀察情況，沒有其他地方可研究，因為**疾病就是病人**。

當病理學家試圖解開「生命之謎」，即使最先進的組織化學家也仍然要用傳統的解剖學方法，也就是分開可分解的東西，如法國生理學家克勞德·伯納[1]說的：「把複雜現象依序分解成越來越單純的現象。」這導致事物被區分成越來越多的部分（例如核子物理），因而也便需要越來越精密的技術設備。有機體的完整生命狀態不再是研究的核心，因為那是複雜的，而這種複雜無法被一個專家所掌握。醫學往往會發展新的儀器與技術來分解這種複雜之物——也就是病人。較單純的現象通往往可透過回溯源頭來發現。這是解釋問題的起源取徑（genetic approach）。如同探究疾病一樣，從最單純的開始狀態去探究生命過程，而不是去探究過程最後的結局，因為結局總是一樣——死亡。因此早期階段往往要比成熟的更有趣，童年比老年更受到重視。

這種起源取徑對心理治療有一種不幸的影響。心理失調變成意味著童年失調，而對心理的探索是為了將現在分解出來，併入到過去之中；把複雜之事分解出來，併入到單純之中；把心理的狀況分解出來，併入到物質的創痛之中。我們沿著這個錯誤模式所形成的軌道，回到較早的單純事件，最後停在死亡之外唯一的確定：母親。所以現在許多心理分析現象是用母／嬰關係來詮釋，以致必須質疑心理治療是否受到集體無意識的戀母情結所影響。這種「診斷」符合了心理分析模仿自然科學探究因果關係的起源取徑，物質之於科學研究，猶如母親之於心理學研究。

將質的差異降低為量的差異

當解剖或起源取徑無法如預期找到根源的病因時，病理學的偏見就必然會透過**測量**來攻擊問題。區分事物最簡單的方法就是測量，一切存在的物質都具有某種質量，因此可加以測量。健康與疾病可用公式來表達：血球數、基礎新陳代謝等等。不幸的是，如我們已經看到的，這種方式往往會把質的差異降低為量的差異。這帶來了另一種哲學：好的生活往往代表著活得更久。促進生命開始意味著延長生命。意識的發展開始意味著績效更佳。醫學的血液中攜帶的病理學方法就此開始影響了心理治療。

在醫學中，病理判斷越快、越確實，便越有機會達到快速而奏效的治療。因此，醫生總是在等待病理結果。他的工作仰賴於有效率的診斷，而如果他想達到這點，那麼他從病人聽到，以及他所觀察到的一切，必然會因為可能出現未被懷疑的失調而受到影響。任何事都可能是症狀；懷疑是恰當的。如果心理分析師也有這種醫學立場，便是一種病理學偏見。

一個人何時會生病？一個人的心理何時會生病？如醫學書籍時常提到的，甚至連有機病理學的界線都不很清楚。複雜性有很多層次；也就是，類似狂犬病與天花這種疾病，個別差異比較不重要，病理症狀就頗可以說明大致的成因。但更複雜的情況，如自殺，需要更完整的因果模式才能瞭解。換言之，有些病理狀況直截了當，可以透過一部分的人體系統來解釋，但也有其他情況，是永遠也無法解釋清楚的，只能以整體系統與環境來瞭解，這兩者是有差異的。用簡單的模型來解釋複雜的狀況，會把本質扭曲到既定的架構中。這是一種病理學偏見。

要找出健康與疾病之間的界線，就必須更仔細地探究醫學的健康概念。健康通常是指功能正常、生理狀況良好而穩定、結構穩固、沒有疾病、沒有不適或殘障等等。很清楚地，如杜布斯[2]所言，健康的概念是不切實際的；它不接受健康人類會反覆出現不適與痛苦的現實。這種「健康」概念為病理學偏見與現代精神科倒行逆施的藥方，如止痛藥、鎮定劑與娛樂，提供了溫床。受苦是人類的命運，可以說要比理想化的健康更為「正常」，或讓我們這麼說，**受苦是正常的健康**。如果是如此，那麼病理學要從哪裡開始？醫生診療時聽到的病人主述，有三分之一到三分之二並沒有嚴格的病理徵狀。在複雜的狀況中，疾病的定義就像健康一樣模糊。主觀的一方——也就是抱怨的病人——如果受到更多重視時，這種模糊就更明顯。有可能有客觀的病理證據，但病人沒有症狀抱怨，或反過來有抱怨但沒有病理證據。內在與外在可能呈現很不同的跡象。

將疼痛與受苦混為一談

對醫生而言，病理上的主要跡象是疼痛。講求理性的老派醫生認為疼痛等於受苦。如果沒有可證明的生理基礎顯示受苦，那麼痛苦就是想像的。疼痛必然是受苦的基礎，彷彿基督的哭喊是發自於他的肉體創傷。今日，我們知道受苦在疼痛發生之前便已存在；是心靈把生理事件轉譯為疼痛的感覺。只要改變意識，例如催眠，托缽僧就可以走在炭火上卻不覺疼痛，牙醫也可以在牙齒上無痛鑽洞。受苦可以在沒有生理疼痛的基礎下存在，甚至疼痛也可以沒有生理的基礎（例如幻肢痛）。但如果心靈沒有受苦，就不會有疼痛。這意味著**受苦比疼痛更早發生**，疼痛只是一個引信——雖然是很大的——來引發受苦。

除了以消除疼痛原因為目標的生理處置之外，只有兩種方法可以用心理的方式對抗疼痛。我們可以增加受苦的耐力，如斯巴達人或斯多葛的模式，心理學的方法偏向於這個方向。或是，我們可以用現代的方式，以止痛藥來降低我們的敏感程度，這樣會導致耐受力受到限制，反而降低了我們對所有受苦的耐力。由此開始的惡性循環，不是導向敏感度降低，反而是強化了對痛苦的易感程度，於是止痛藥變得越來越重要。這是慢性慮病症[3]的開始，也開始了我們這個年代對藥物與娛樂的依賴。**病理學偏見把疼痛與受苦混為一談，讓我們對兩者都麻木**。受苦原本要發出的訊息被壓抑，我們心靈痛苦的目的受到阻攔而無法察覺。

這讓一些心理分析師採取了相對的立場：放棄一切生理治療。但這一樣陷入病理學偏見。他們也把受苦與疼痛混為一談。由於認可受苦的價值，他們錯誤地相信必須將疼痛維持在極端狀況中。他們為了更完整的意識而肯定受苦，卻忘了意識會強烈受到疼痛所限制。

受苦是提升覺察與發展人格所需要的。我們在討論死亡經驗時得出這個結論。我們永遠無法得知健康的理想概念阻礙了多少覺察的機會。由於病理學偏見不容許受苦存在於健康之中，我們可以假設，許多死亡經驗因為其伴隨的焦慮而被病理學偏見斷然停止而不夠充分。這個健康概念如何影響了醫生自己的發展，也讓人難以樂觀。

如果功能失調與受苦只能用病理學觀點來看待，醫生就會阻止自己感受傷痛。古代的醫生透過自己的受苦來療癒，如基督就是。不癒合的傷口是療癒的泉源。心理分析師的訓練目的不只是治療心理分析師的人格，也是打開他的傷口，讓同理心從中流露。但醫生已不再訴諸情感，因為他對科學病理學的偏好往往使他不再去瞭解受苦，而是尋求疾病的解釋。他不再實踐古老的格言：醫生，治好你自己。醫生是聲名狼藉的糟糕病人，也許是因為他們失去了受傷的能力。健康的概念受到竄改，以致醫生無法藉由開展自己心靈上的感染、傷口與畏懼來治療自己。病理學教科書以臨床角度來看待靈魂經驗，因此無法描述受苦的法則；受苦也屬於宗教、哲學與心理學的領域。

如同疼痛與受苦的差異，傷害與受傷也不一樣。心理分析師保留自己的傷口並不意味在傷害自己。當靈魂歷史一再回顧基本的痛苦傷口時，也就是基本的情結，是要從它們之中汲取新意義。每次回顧都重新打開了他們，讓他們開始再次哭泣，但這並不違反格言「首要之務為不造成傷害」。如果心理分析師遵循這條格言，嘗試要縫合自己或病人的傷口，說這件事或那件事已經結束，他就是又採取了醫學做法。錯誤的治療，或在錯誤的時間給予正確治療，會比打開傷口造成更多傷害。如詩句經常告訴我們的，傷口是一張嘴，治療師只需要聆聽。

以集體為判斷標準

通常病理的判斷是以集體做為標準。某些情況只會呈現共同的病理現象。例如天花，個體與集體沒有差異；而自殺就有差異。海格西亞[4]在羅馬帝國埃及行省[5]鼓吹起來的自殺風氣必然是集體行動的，這種流行起來的心理現象不是個別的行動。若用集體標準或集體措施對待以個別進行為主的行為，就顯示了一種病理學偏見。

醫生有義務使用集體標準。至少，傳染病學是他的領域。他不只支撐著病人的生命，也支撐著社會的生命、大眾的健康。這個任務再怎麼強調都不為過。大眾健康建立在預防之上，病理學偏見幫助醫學尋找公共衛生、食物與藥物、空氣與水中的致病因素。而且，透過集體來確定疾病的方法，與醫學診斷密切相關。

由於主觀的病人主訴可能無法從客觀檢視得到證實，而且客觀病理證據可能很薄弱，甚至根本就付諸闕如，因此除了主觀抱怨與客觀證據外，醫學有另一種方法。這就是統計病理學（statistical pathology）。疾病的概念是建立在將不同於正常狀態的病態分離出來所獲致的結果。病理學坦率指出，不正常的改變只是背離了標準。

背離正常建立在一個定義好的標準之上。背離要根據對於常態所設下的界限來判斷，也就是統計曲線的中間部位延展得多寬。醫生日常做出的判斷中，病人所抱怨的狀況有半數並沒有生理根據，這些抱怨沒有客觀定義的標準。因此在這些情況中，背離標準往往是指背離醫生的標準。醫生的標準來自於他的醫學訓練、臨床經驗、目前的判讀；而對於複雜的心理狀況，他的標準往往是根據他個人的容忍度，他的畏懼程度。不像心理分析師，他這些標準並未揭露出來接受評估。他的標準變成一種病理學偏見，橫亙在他與病人的標準之間，而病人的標準可能完全是另一套。

「正常」（normal）這個字詞來自於希臘文norma，就是木匠的直角尺，用來確定直線。有這種工具，當然就會有「背離」的狀況，一切不是「直」的和「呈垂直」的，就是病態的。

正常與健康合而為一，難分難解。「背離」這個字眼廣泛用在政治、性別、科技上，證明了統計上的標準對於病理學偏見的影響。我們對於正常的概念往往是根據統計的期望值。超過或未達到，就是背離標準。醫生的心智在知性上越是嚴格，就越無法應付心理上的變化多端。醫學統計限制了包容，如此一來對這些曲線的極端狀況，也就是較屬個別的現象，便更加畏懼。醫學訓練缺乏來自於人性研究的知識，諸如歷史、文學、傳記，這些知識顯示了背離標準的情況所代表的意義。只剩下統計數字的期望值不再具有人性。如榮格在他最後的重要著作《未被發現的自我》（*The Undiscovered Self*）中所指出，沒有一個單獨的人能符合統計學的標準。我們每一個人都是病人，因為統計模型中已內建了病理學偏見。

模式的混淆

病理學偏見還有另一種運作方式，就是法國人所謂的「畸形專家」（déformation professionnelle）。透過自己的專業來看待生命，是專業訓練的成效之一。書記有條不紊；官僚優柔寡斷；裁縫看到的是縫線而不是人。一個人逐漸認同他所扮演的角色，他所戴上的面具；外在的進入內在，決定了外觀。

對醫學而言，這種觀點的改變意味病理學優先。「優先」意味著把病理學視為一切之先，也在一切的背後，隱藏的先於證據。例如，佛洛伊德派心理分析認為，人與文化的背後多半隱藏著病態的性愛。心理治療被這種偏見所扭曲，日常生活變得歪斜。友誼是潛在的同性戀；一切重要的文化事件背後都有亂倫的渴望、性變態、肛門癖、陽具欽羨、閹割焦慮……，諸如此類。在存在主義之中，反胃、畏懼、厭倦與孤獨盤踞在行動的核心。在馬克思主義之中，歷史成就可以追溯到奴役、迫害、剝削與戰爭。病理學把最美好的貶為最惡劣的。

這是種模式的混淆，將空間位置與價值衡量混為一談。最早的是最簡單的，最簡單的是最低層的，最低層的是最糟糕的。一切事物到了終極總是回頭指向開始，回到因果鎖鍊的第一環。我們最後都只是動物，或細胞，或生化湯液。以心理學來呈現的話，我們最後只是生下來頭幾年的遭遇所造成的。深度心理學就是最低層、最簡單、距離此時此地最遙遠的心理學。夢境要檢視其隱藏的內容，而不是淺顯的部分。然後，當最惡劣與最低層的東西已經揭露了，便假設最終極的（最單純與最基本）也被發現了。

然而，我們終究也是歷經發展而逐漸形成的，最後成了臨死之時的那個狀態。如此說來，死亡要比出生更真實，因為所有的開始都已經在我們之後了。死亡是當下的，因為死亡的時刻可以是每一個時刻，而且是靈魂轉化中的每一時刻，它透過滅絕來進行。因此，對於過去，沒有道德問題，只有懺悔。沒有「如何」進入生命，只有「如何」進入死亡。病理學偏見以解剖的方式把事物降低成最簡單的元素，而且從背後來觀看現象。

例如，自殺大多發生在人們日常的環境中，卻基於病理學的誇大而被設想成是發生在受到拘禁的精神病患身上。處理自殺的方法是從最不可理解的部分去著手，這些部分因為器官以及其他有機體內部存在的因素而錯綜複雜，精神醫學本來就沒有什麼答案。舊有的精神醫學謬論無止無休：透過靈魂不正常之處來探究靈魂。然後把發現應用在所有地方。如法國精神醫學家察維尼（Chavigny）所言：「自殺必須從精神醫學的觀點來詮釋。」艾斯勒[6]補充：「……防止病人自殺是精神科醫生不證自明的責任，不需要更多理由或討論。」（Eissler，p. 165）一切自殺最終都是同樣的病。每一個自殺都和所有的受苦一樣，包含了對立的原因：當然一切行動都有陰影，病態無所不在。但這種偏見會先抓住有病的人，找出陰影中每一個行動的根基。

心理分析師若採取了深度心理學這個混淆的醫學模式，可能永遠會發現他的病人感到內疚。不管他們如何努力，都似乎永遠無法到達問題的最底部，他們一旦到達了最底部，會發現那是一個獸性的地下世界。只要心理分析師把事件降低為最終的結果，並且只在最低層次找尋這些最終結果，病人就永遠無法被拔離這個邪惡境遇。心理分析師自己的病理學偏見被移植到病人身上，在病人人格的每個角落蔓延。於是陰影無所不在，病人為如何對自身邪惡負責而苦惱，然而這種黑暗大多來自心理分析師自己偏差的立場所造成的陰影。

以偏向心理學的方式來矯正焦點

也許心理學偏見對醫學造成的傷害，要比對心理分析造成的傷害少。每一個事件，包括醫學領域的生理疾病，都會有一個黑暗面。這另一面會是事件的無意識、心理的層面。

有一種疾病理論被稱為「減毒感染」（attenuated infection），最近被西蒙（H. J. Simon）提出來仔細討論。根據此理論，人與微生物一起和平共存，互利共生。宿主與寄生蟲屬於同樣但較大的系統中的一部分，所以感染是持續的（經過減毒的），並形成習慣。當感染原是來自另一個生態領域，如狂犬病與瘟疫所處的生態，就不會自然共存。但致病的病毒、腸內細菌、肺結核、葡萄球菌與鏈球菌感染，在我們生存的系統中占有一席之地。對付它們所使用的特定手段——放射、手術、抗生素——會中斷減毒感染，擾亂了共存，有時會成為新的症狀與感染的原因。這些新疾病甚至被稱為「醫源病」（iatrogenic）[7]，也就是由醫生引發的疾病。因為醫生繼續把感染與疾病連結起來，把疾病與死亡連結起來，所以要對抗——但最後常常是防礙了自己的目標。

減毒感染理論認為，疾病需要宿主身上的感染原，但這感染原不足以讓疾病暴發。細菌也許存在，但疾病不存在。就算找到了感染原，導致發病的情況仍是謎。婉轉的說法如「抵抗力不足」與「體內不平衡」，並沒有說明太多。**要瞭解足以發病的情況，我們必須探究宿主**。在此，心理學偏見也許有幫助。它會問：這個疾病在病人生命的此刻有何意義？病人的無意識與環境發生了什麼事？這個疾病的目的會是什麼；它阻止或助長了什麼？**病理學偏見假設疾病達成了某件事**。病理學偏見會提出全新的研究計畫。簡單說，病理學偏見也許會在無病的地方看到疾病，而在疾病實際存在的地方，卻無法說明原因，然而心理學偏見也許可以提供病理學無法提供的訊息。

要矯正正統醫學無法正確對焦的狀況，並給予新的焦點，第一步應該是要讓所有醫生產生心理學偏見。這也許可以打破醫源病與疾病復發的惡性循環。甚至可以讓醫生對心理學感興趣，開始對自己的性格進行心理分析，分析自己的傷口，帶著他在專業上同樣的熱忱。

減毒感染理論、雅斯培（Jaspers）與馮　魏茨澤克（von Weizacker）關於疾病的傳記性重要（biographical significance）的想法、克拉克—甘迺迪（Clark-Kennedy）與杜布斯（Dubos）的取徑，以及其他整體性觀念，用了另一種更心理學的方式來呈現醫療行為。這種方式比較沒有強力集中的焦點，但照亮的區域更廣；不僅照到外科手術燈下的感染部位，也照到人類陷入自己疾病所帶來的危險處境。很矛盾地，醫生若擺脫病理學，就必須要具備心理學偏見，**而這個偏見完全不是想擺脫病理學**。醫學把心理分析當成外行的醫學，就可以避免和心理分析達成協議，而心理分析卻最能夠解開醫學的兩個急迫問題：疾病的意義與醫病關係。換言之，醫療從業者可以讓自己成為外行，因而受益。如果外行是指不專業，那麼外行就是開放。專業態度的偏見與醫學思維模式的僵硬就可以被擱置一旁，讓人用開放的耳朵聆聽病患的謎題。在醫學迎接心理分析的挑戰，讓其思維被無意識的現實所穿透與滋養之前，醫學的理念都不是屬於這個世紀的，醫學的進步將繼續只是技術層面的——化學、手術、設備——而醫學的心智仍被禁錮在處女狀態，與世界隔離，走在白色的醫院走廊中，對受苦、因果、疾病與死亡懷著古怪的想法。

註釋 NOTES

1 克勞德·貝納（Claude Bernard, 1813–1878），法國生理學家，是定義「內環境」（描述保護生物多細胞組織、器官功能及生理穩定的細胞外液環境）的第一人，首倡用雙盲實驗確保科學觀察客觀性的人之一。

2 杜布斯（R. Dubos, 1901–1982），為傳染病學者。

3 慮病症為沒有足夠證據支持有生理性病因，但病人堅信自己必患有某種嚴重生理疾病，而引發各種人際、社會和職業功能的受損。

4 海格西亞（Hegesias），古希臘演說家與歷史學家。他的演說集現已失傳，但曾受到羅馬時代的西塞羅和其他人的批判。

5 羅馬帝國埃及行省（Roman Egypt），西元前三〇年，屋大維擊敗安東尼、廢除克麗歐佩翠拉的埃及女王之位後，吞併了托勒密埃及，納為羅馬的一個行省。

6 艾斯勒（K. R. Eissler, 1908－1999），奧地利精神分析醫師，佛洛伊德的親密朋友兼追隨者，建立並管理「佛伊德檔案」（Sigmund Freud Archives），掌握了大量佛洛伊德相關重要文件。他在一九五三年提出論文，根據自我心理學（ego psychology）以明確且條理清晰一致的標準，將精神分析與心理治療做出區分。

7 醫源病又稱醫生因疾病、醫源性結果、醫源效應（iatrogenic effect），指因為醫療意見、醫療過程、藥物治療或是醫療器材，對病患造成的任何影響。這通常是指對病人造成醫療傷害，從而產生疾病、不利影響或併發症。

【第十章】

診斷與分析辯證

診斷真的如第二章所談的，是屬於醫生的主要任務之一嗎？難道診斷沒有更根本的目標，例如防治、處置、修復——或一般的延長壽命？數千年來，診斷一直都是非常簡陋或錯誤的，在世界很多地方至今仍是。不同的醫學系統認可不同的臨床症狀。儘管如此，從古到今醫生一直都能給予處置、治療、修補、鼓舞並促進生命。醫學史顯示，診斷在過去有極大的缺失。但醫療從業人員是多麼有成效！醫學理論與實務上的差別，一部分原因在於療癒者原型，如我們在前面看到的。

診斷在醫療技術中佔次要地位，因為醫學是一種**應用**科學；其成功或失敗是由對病人的效果來決定。不可能有純粹的診斷科學、純粹的醫學知識，因為醫學不能沒有疾病，而疾病不能沒有病人。以應用科學而言，醫生的技術與方法是最重要的。醫生的行動可能比知識更重要，尤其是他召喚出療癒的能力。再一次我們說，醫生做了什麼可能不重要，重要的是他**做**了。

但診斷越來越被移到了現代醫學的中心。這有一部分是自然科學對於醫學的影響，尤其是從十七世紀之後。診斷的重要性反映了醫學知識與日俱增的角色，超越了醫學的技術與實務。科學醫學尋求臨床症狀的原因，找到後才能決定處置方向。正確的診斷需要知識，而這知識越來越複雜，每年醫學期刊文獻會增加一千一百萬頁之多。醫生不得不離開病人，求助於實驗室來獲得診斷，因為在實驗室中，這個複雜而龐大的知識可以系統化，並有所濃縮。臨床症狀往往成為實驗室報告，也就是，透過X光片、腦電圖與心電圖、血液與尿液分析等等，醫生拼湊出診斷。所以對於處置，醫生也轉向實驗室，那裡已經備好可以因應不同診斷的產品。

如此一來，醫生就成為了病人與研究人員的仲介，他盡量抽離自己的個性，以避免阻礙病人與實驗室之間的通道：將精確資訊從病人傳給實驗室，將正確處方從實驗室回傳給病人。以診斷電腦來改善診斷與處方的正確率，是醫學科學演進的合理未來。只要醫生想藉由自然科學的思考模式來模擬物理學家的觀點，他就必須盡量保持在「局外」，嚴格界定他與病人之間的「區分」。他必須維持一個客觀的觀察者身分，觀察病人的病程，不讓這些觀察遭受主觀干擾。因此最好的醫生是最不在局內的。這種觀念轉移到心理治療，在正統模式中，最好的心理分析師就會坐在病人後面，很少說話，隱藏自己的個性。

學院與臨床心理學不也呈現了同樣的模式？過去數十年來，數千種心理診斷測驗被發明，用以提供正確、如實驗室般的資訊給醫生。這些知識是為了協助診斷分類，並讓處置的選擇可以更加容易。測驗就像是實驗室；心理醫生的參與要被降到最低程度。為了獲得準確的知識，必須消除來自個人同理心的因素。看起來似乎知識與瞭解是不相容的。由於瞭解是帶著同理心的直覺與另一人產生關係，無法被科學觀點信任，已經式微了，所以對另一人的評估越來越依賴診斷工具。這種知識到底能不能彌補瞭解的喪失呢？

臨床上精神科醫師與社會工作人員的衝突，反映了這種知識與瞭解之間的差異。當進行問卷的人或執行測驗的心理醫師很熟悉病人，互相建立了友善關係，他的觀察就不夠客觀。診斷的有效性就不再相同。

另一方面，心理分析的辯證嘗試跨越觀察者與主體之間的距離，藉由建立聯繫讓雙方更靠近。只有當雙方不再有分別，不知道誰是觀察者、誰是被觀察的對象，才算是達成目標。病人開始觀察自己，也觀察心理分析師，因此參與了辯證；心理分析師則順應此一進行中的過程，不再是一個執行診斷的觀察者。

診斷會停止，但辯證繼續進行

診斷與辯證都是從已知的部分開始，來處理未知的部分。兩者都要運用理解能力，都需要病人的反應。然而，當未知成為已知，當疾病被分類出來時，診斷就停止了，而辯證會繼續進入未知，不會停止。辯證配合著將未知之事物變成意識的無止盡過程，超過了理性理解能力的侷限。

診斷與辯證之間的差異，再次彰顯於**痊癒**與**意識**的差異。臨床處置的終點是痊癒。處置的過程取得成果，所有醫學措施都是朝向此成果的階梯。但是，從我們目前的證據來看，意識並沒有既定的目標，沒有最終的成果，而是持續進行的過程。心理分析師若把痊癒當成目標，就是使用醫學思維。他沒有瞭解情結（complex）的本質，而這是辯證過程的基礎。情結是沒有解藥的。情結無法被療癒而消失，**因為情結不是原因**，雖然它們可能是心靈生命的決定因素。它們是基本的，與靈魂一起，做為能量的核心與心靈生命本質上的焦點。醫學模式往往把它們想成是傷口與創痛，或惡性腫瘤與異物，必須用醫學手段來移除。但如果情結是能量核心，「療癒」情結就會傷害到病人的生命力。心理分析師若在瞭解這點的情況下進行分析，他會發現痊癒往往自動發生，病人會變得更冷靜有序，不再躁動，而且得到解放（藝術家總是很怕醫學心理分析會移除他們的情結並燒灼傷口，而閹割了他們的創意）。做為能量核心，情結不會被療癒或殺死，而是要被轉化；而情結促動某種目的，與情結的辯證讓情結發展出創造的能量，並助長意識。

這是否意味著每一個心理分析都是「永恆」的，因為意識的辯證似乎無止盡？應該說，這意味著**心理分析過程**的辯證至少如生命一樣長久。這個過程，說起來很奇怪，只是兩個伙伴之間實際心理分析的副產品。辯證繼續在兩人的靈魂中進行，介於自我（ego）與無意識的顯性因子——那些造就個性與引導命運的主要心靈力量——之間。**辯證在心理分析開始之前就有了**，只要沒有被自我承認與正面回應，就時常會以症狀顯示出來。靈魂在張力之中發展，有時力量偏向自我這方，下一刻卻偏向無意識那方。心靈能量就像一種交流電，被心理分析加強。當病人與自己的內在對立面失去接觸時，心理分析師便提供對立的那一面。於是，病人無意識的所有分裂力量會在心理分析時被召喚出來。如磁鐵一般，心理分析師似乎把那力量吸引到他身上。他代表病人的無意識，現在公開展現在那兒，於是心理分析師就成為病人主要的占有物，這就成為所謂的「移情」。這個情況會持續下去，直到被分析者能夠透過辯證過程將靈魂的現實予以客觀化，**而不需要心理分析師這個人來為他這麼做**。他可以獨自繼續強化意識的過程，偶爾回去找心理分析師，處理特別雜亂的能量場。

蘇格拉底說辯證家像一個接生婆，是他發明了這個方法。辯證家的存在能幫助病人誕生出從他本身演化而來的新生命。**心理分析師促進了一個過程，這在根本上是被分析者自己的過程**。比所有人際關係更重要的，是個人內在的辯證，這是與無意識心靈的關係。

辯證過程也會在雙方身上個別進行。心理分析師也有夢想、情感、症狀，他必須保持對這些的接觸，如醫生「保持接觸」最新的文獻。心理分析師以這種方式嘗試實踐「醫生治療自己」的格言，對自己施用自己的藥方。他嘗試維持自己的意識，以便不要無意識地面對任何病人。如果他開始疏忽，就會落入對方給他的角色。那麼他們就無法區分他們自己的投射與心理分析師的現實，因為心理分析師認同了他們自己的幻想。心理分析師只有透過與自己的夢想、幻想、情感、症狀進行辯證來維持他自己的原點，才能夠服務被分析者。

診斷將身體當成物體

心理分析不同於醫學，它把身體視為症狀與情感的來源。診斷的手段把身體當成物體。診斷需要對這個物體作精確地研究。在這裡，非醫學的心理分析師是完全外行。他無法從敲打胸部或觸診腹部得知很多訊息。這種醫學無知是非醫學的心理分析師被當成外行的主因，儘管他接受必要的器質性精神醫學（organic psychiatry）訓練做為補償。但他無法診斷，也不瞭解身體。

除了被當成物體之外，身體也是一種經驗。身體既是對象也是「我」。身體經驗不僅是「身體意象」的概念而已。身體經驗存在於所有察覺的背後，也是一個人對外在現實的內在感。當病人供出身體接受診斷時，他就是讓自己脫離了身體，加入了檢查的醫生，以超然的態度對躺在台上的自己進行研究。他也有可能赤裸著縮成一團，感覺自己是倒楣的犧牲品，將內在暴露出來。這些基本的反應顯示了診斷手法所帶來的撕裂。身體成為不過是物體，或只是一個主題。其實身體是一個主觀的客體，也是一個客觀的主體。身體的這些經驗——尤其是脫離身體的經驗與觀察身體的經驗——是心理分析想要轉化的。因此心理分析師會對診斷手法很謹慎，因為即使有醫學上的價值，診斷只會使心理分析想要療癒的撕裂更加擴大。

心理分析也縝密地注意身體。它**將身體視為一種經驗**來觀察與傾聽。身體是轉化過程發生的容器。心理分析師知道，除非身體受到影響，否則不會有持久的改變。情感總是在撕扯身體，而意識之光需要情感的熱度。身體所受到的這些影響，在心理分析時是辯證階段中的症狀——這不是診斷意義上的症狀。以診斷來看待它們，用醫學來處理，可能會傷害這個過程。皮膚出疹子，循環系統失調，內臟器官不適，搔癢疼痛，都反映出身體經驗的新區域，通常必然會以疾病的形式出現，直到身體被聽見，不需要尖叫來獲得認可。心理分析師也以同樣的縝密來仔細注意自己的身體，傾聽自己的信號來協助辯證。他會在他疲倦、飢餓、激起性慾、被動懶惰、焦躁不安或發展出疾病和症狀時，嘗試去感覺。他的身體是一個傳聲筒。這種敏感對身體經驗而言是恰當的，適合心理分析工作。這雖然不是診斷，也很難算是外行。

所以現在有診斷與辯證兩種觀點來考慮症狀。對前者而言，症狀是一種**臨床跡象**，對後者而言，症狀有**象徵意義**。胃痛與頭痛是臨床跡象，但是從胃與頭對特殊個人所代表的一般象徵來看，也有不同的意義。辯證過程以這種方式從症狀得到資訊，就像診斷將症狀當成病理跡象。持續的症狀如口吃、重複發作的潰瘍、「慢性咳嗽」（smoker's cough），都會被辯證過程處理，這種受苦也藉由象徵來進行整合。

醫學尋求治癒症狀，因為症狀只代表功能失常，而心理分析則探索症狀的象徵意義。症狀不僅是功能出現缺失。就像所有傷口，症狀也是帶有原型背景的損傷，也就是，人類自有歷史以來就以這些特殊方式如此受苦。傳記、神話、文學與傳說——不僅是醫學——為症狀學（symptomatology）提供了背景。受苦者可以將他的創傷與象徵連結起來而找到意義。只要受苦的象徵層面進入了意識，他也許甚至不再需要症狀來回溯源頭。於是，他的注意力就不用被迫放在同樣的老問題上。如果療癒發生，就是意識的副產品。

如何汲取意義？

診斷與辯證也用不同的方法。研究用來診斷的症狀時，醫生的目標是準確界定什麼受到影響、什麼地方痛、血液的指數與成分等等。另一方面，心理分析師藉由探索症狀的象徵背景，嘗試擴大意識的範圍。前者的方法是**界定**；後者是**擴大**。

定義是說明事物是什麼，以及與不一樣的事物之間的差別何在。定義會割除不恰當的東西。一個東西越是準確而狹窄地被界定，我們就越能瞭解它。由於靈魂大部分是模糊的，而且我們對於靈魂的知識仍未完整，明確的定義是不成熟之舉。被分析者帶到心理分析現場的主要問題，是每一個生命的主要問題：愛情、家庭、工作、金錢、情感、死亡；定義之刃可能會傷害這些問題，而不是解救它們脫離束縛。畢竟定義比較適合邏輯與自然科學，因為邏輯與自然科學必須遵循文字的嚴格規矩，而且將定義用在封閉的操作系統上。心靈不是這樣的封閉系統。定義是藉由確定事情來消除不安，而擴大卻有助於心理分析，因為它把事物從慣常的僵硬架構中撬脫出來。擴大是用矛盾與緊張來面對心智；它揭露事物的錯綜複雜。它甚至往往會創造出象徵。這比定義更能讓我們接近心理上的真相，那就是總是有一種矛盾的無意識層面存在，而定義卻要求意識上的合理具有排他性。

擴大的方法比較像人文與藝術的方法：藉由反覆環繞著事物進行觀察，把問題毫無遺漏地放大。這種做法就像延長的冥想，或音樂的主題變奏，或舞蹈的編排、繪畫的筆觸。它也有一種儀式性的層面，因為被放大的問題擁有一種莊嚴性，是永遠無法透過知識來企及的。我們一開始就知道自己無法瞭解；只能盤旋等待，猛然切入，透過專注來表達敬意。這讓任何問題的意義層面得以現身，呼應著靈魂提出要求的方式，不斷重複回到基本情結，精心擘劃出一種新的變調，並敦促意識前進。

意義所給予的禮物並非透過詮釋所獲致的結果，詮釋所獲致的結果常常不過是合理的翻譯文字，削弱了無意識。意義並不是心理分析師賦予雜亂的夢境與事件的某種東西。它不是被置入事物中，反而是從事物中被帶引出來的。因此意義先行於詮釋之前，並且讓詮釋得以產生，因為如果意義不是已經潛藏於所有心靈事件中，就沒有任何詮釋可以恰好吻合。意義是先驗的，所以任何事都能成為有意義的經驗。心理分析師用兩種方式帶引出意義：揭露並直搗重要的本質，以及透過擴大，讓事件膨脹到具有深長的意味。

對於第一種方式，心理分析師提出問題，就好像醫學的診斷。但診斷所提出的問題，目的在於獲得準確而基於事實的答案。哪裡痛？何時開始的？你醒來時的體溫幾度？得到資訊後就停止發問了。心理分析的提問則不會產生確定的答案，反而是引出一種過程，從中只會帶來更多問題，並更深入生命去尋索。意義是從未知中帶引出來的。事物是被發現的，幾乎不能被想像出來，正如蘇格拉底那樣，透過問題，從曼諾（Meno）[1]引導出未知的真理。蘇格拉底式的質問刺激了靈魂的探求。因為這些問題是生命問題，**這類問題質疑著生命本身**。再次，我們發現心理分析過程的辯證會導向死亡經驗。

對於第二種方式，擴大引出了新的象徵。舊象徵變得越來越自覺與公式化時，所承載的意義似乎會越形乾枯。透過新一輪的擴大再次回到同樣議題——也許透過閱讀，透過生活，透過夢境——便會發現另一個象徵層面，解放另一種經驗。事件有了象徵層面；生命的內部（梵文所稱的suksma層面）開始在任何地方顯露自己，這是許多靈修的目標。這使得體驗的能力加深。藉由越來越熟悉一個人靈魂的基本情結，一個人就對真實的自己有所瞭解。這種詳盡的知識既是客觀真相，也是瞭解。

個人自身的客觀集體層面

因為一個人透過擴大去回顧的主題，不僅是你與我的最深傷口，也是靈魂的永恆主題，永遠無法一勞永逸地安頓在定義中。由於我們每個人都參與著客觀集體經驗，因此透過觸及我們自身問題的客觀集體層面，我們也開始能瞭解其他人。訓練時接受的心理分析便藉著將學生的問題擴大到超越個人層次，以發展客觀性。那麼他就彷彿能「從下方」瞭解其他人。

如果瞭解只是同理，那就是個人的。那麼的確只有知識才能達到真相。這一點非常重要。要是瞭解只是去認同另一人的觀點，分享個人的受苦，那麼對於個案的所有判斷就都是主觀的。心理分析師會被困在一種同理心的唯我論（solipsistic）[2]循環，完全不會有客觀存在。**心理分析就幾乎與任何個人同情沒有兩樣**。讓心理分析能夠客觀，提供機會形成靈魂的科學，正是靈魂的客觀集體層面。靈魂的這個層面與其他人的相同之處，展現在構思、想像、行為的能力，依照榮格所謂原型模式的隱喻根基來被推動。

因此瞭解需要知識，**客觀心靈的知識**。沒有這個集體無意識的知識，心理分析師往往會把根本問題降低為個人生活的瑣事。辯證就成為報告與回憶的表面對話，以及個人意見的交換。個體性並不是指這種個人細節的差異。靈魂的個體性並不是仰賴教養與環境的意外事件來造成，而比較可能是仰賴我們每個人發現自己獨特召喚的能力，而意外事件在這召喚中占有一席之地，並與之有所關連。這種朝向自己應該成為的模樣去運作的過程，可以透過一系列極有意義的經驗加以辨別出來，而這些經驗正構成了靈魂歷史（榮格在**個體化過程**研究中把這些經驗的整體型態與一般階段標示出來，並在他的自傳《榮格自傳：回憶，夢境，省思》〔*Memories, Dreams, Reflections*〕中提供了個人的例子）。藉著把個案歷史連結到靈魂歷史，把瑣事連結到病人生活中的核心神話，心理分析師試著瞭解對方，並引發對方的自我瞭解。

雖然心理分析師是一個專家，但他的領域——靈魂——包括了所有的人性，也許還更多。心理分析師面對的麻煩不僅是私人與主觀的個案歷史。心理分析師不需要怯於如此描述那些問題，畢竟，使用焦點狹窄的心理病理學機制與臨床語言並不足以描述受苦靈魂的完整層次。靈魂在心理分析師的執業中所帶來的挑戰，需要他去學習。他必須知道如何在客觀心理脈絡中採取主觀，不然他會被困在瑣碎細節中。當他談論他的工作時，使用專業用語對靈魂也是不公平的。**他有義務超越自身專業，因為進入他的工作的是此時此刻**。受苦靈魂的集體層次是人類歷史，關係到所有人。

心理分析師的知識取自於哲學、民族學、藝術、宗教、神話，而非正統醫學，因為這些領域呈現了客觀心靈的詳盡藍圖。它們報告了靈魂如何觀看、經驗生命與死亡。心理分析師被要求處理的問題不是療癒疾病與恢復正常健康，而是「如何活」與「如何死」的問題。對這些主題深入豐富的辯證，可從許多層面來加以擴大。這裡更關切的是人性而非科學，醫學的用處不如神話，具備細節準確的意象與行為，顯示了心靈如何在最基本與客觀的層面設定了問題與另類的解答。

每一個夢，都是用永恆的語言來重現這些永恆的問題，夾雜了環境的意外瑣事。心理分析師被迫放棄將其中一種層次，降低成另一種層次，但透過夢的辯證，兩者可以結合。他一腳在內、一腳在外的立場意味的不僅是知識與瞭解、超然與參與，而是更重要的**透過非個人層次的知識去瞭解心靈的個人層次**。這提供了**內在的超然**，一種象徵化的思維，這完全不同於在外的那一腳所站在的醫學基礎。

註釋 NOTES

1 曼諾（Meno）是柏拉圖《對話錄》〈曼諾篇〉裡向蘇格拉底請教何謂德行的學生。

2 唯我論可以通俗、淺顯地理解為：世界萬物皆是我的表象，我才是世界上唯一的存在物。

【第十一章】

希望，成長，與辯證過程

「有生命就有希望」是醫生的格言。希望讓病人願意努力，加強了他活下去的意志。醫生永遠不敢放棄希望。這是他的治療立場的核心。

這個格言的意義超過了其世俗與醫學的用意，也就是，只要病人還活著，就有療癒的希望。這段話說明了生命等同於希望。生命所在之處，希望在焉。這個希望就是活下去的意志，是對於未來的欲望——或如字典的定義：「帶著欲望的期待。」如果沒有這個，我們要如何繼續下去；沒有這個，明天是什麼？醫生的格言指出了人的根本驅力可能就是希望，如果自殺的氛圍就是無望。有生命，就必然有希望。希望讓我們前進。或如詩人艾略特（T. S. Eliot）所言：

快走，快走，快走，鳥兒說：人類無法承受太多現實。

如果希望是生命的根本情感力量，希望或許也如艾略特所暗示，是相反的：是根本的欺騙，因為期望與欲望讓我們脫離了當下。

「希望」是什麼？

世界各地關於希望的起源故事，也許值得回顧。在印度，希望屬於偉大的女神瑪雅（Maya），她用循環的幻象來誘惑我們。就像瑪雅，希望快速旋轉我們命運的無盡幻想。我們被困在希望之網中，活下去的意志被體驗為對於未來的投射。做為根本的情感，瑪雅伴隨的希望是現代心理學所謂的心靈的投射功能，只要我們活著，希望就永遠不會讓我們脫離，引誘我們繼續前進。西方的瑪雅就是潘朵拉，她們的創造故事雷同。希臘神話中，宙斯將潘朵拉造成如真人大小的雕像，一個美麗如畫的玩偶，是最早的「甜蜜欺騙」（kalon kakon），由二十位希臘神明賦予了美德。在印度神話中，偉大的女神是印度眾神為了將世界從絕望中拯救出來而集體創造出來的。在另一個故事中，她是以黎明的形式出現；然後成為娑提（Sati），由梵天（Brahma）在二十位神明面前創造而成，用以將溼婆（Shiva）從禁慾修行中引誘出來，好讓生命的永恆運轉可以繼續，繁衍蛻變，永無終止。在希臘與印度神話中，這個女神伴隨著人類激烈情感的所有愚行與罪惡，以及人類為了繼續前行而需要的所有創造力量（溼婆與梵天；普羅米修斯、赫非斯托斯[1]、宙斯）。

潘朵拉最原始的形式是一個大水罐或容器。如藝術史學家潘諾夫斯基夫婦[2]指出的，這個容器後來變成了盒子。做為一個容器，世上所有的邪惡封鎖在潘朵拉之中。當盒子被打開（必然會被打開，就像夏娃屈服於禁果，把原罪帶到世間），邪惡飛了出來，除了希望。在希臘神話、印度神話與《舊約聖經》中，令人驚奇的幻象世界所創造的一切都是大同小異的。

赫西俄德[3]的潘朵拉神話告訴我們，**希望是容器之中的眾多邪惡之一，而且是唯一留在內部的**。它隱藏在看不見的地方，而其他所有邪惡，諸如幻想、激情，都是我們在外在世界遭遇到的投射物，可以靠著整合這些投射物來捕捉回來。但希望存於內在，被生命本身的動力（dynamism）所限制。希望所在的地方，就是生命。我們無法直接與它遭遇，就像我們無法掌握生命，因為希望是活到明天的動力，漫不經心地一頭朝向未來。快走，快走，快走。

宗教的希望就截然不同嗎？我們在保羅的《羅馬書》（*Epistle to the Romans*）第八章看到：「因為我們被希望拯救：但看得到的希望不是希望：因為如果看得到，還需要希望嗎？但如果我們所希望的是看不到的，我們就必須耐心等待。」希望不是期待我們所希望的；我們希望的不是已經知道的。這種希望所期待的是錯誤的東西，是幻象。再次引述艾略特的詩：

我對我的靈魂說，安靜，等待，不抱希望
因為希望是期望錯誤的東西；等待而不抱愛意

因為愛意是愛上錯誤的東西；然而還有信仰
但是信仰與愛與希望都在等待。

宗教意義的希望暗示著犧牲所有的希望。面對自殺風險時，對於絕望所抱持的希望，不就是這種只能等待的宗教式希望嗎？

世俗化的希望只求活得更久

世俗化的希望在醫學中最清楚可見。最近美國癌症學會的會議中，一位專家顧問提出解釋，說明為何永遠不能放棄從癌症中拯救病人的戰爭。不管多少花費、多少痛苦以及心靈上的受苦，總是有著希望，在病情得以暫時緩解之際，醫學科學將會找出療法，拯救病人的生命。生命的品質與進入死亡，往往次於主要的醫學目標——延長生命。生命不再是為了其他任何東西，而成為自身的衡量標準。

對醫學科學而言，這樣就足夠而且正確了；但對心理分析來說，這是足夠且正確的嗎？拯救生命有不同的意義。對醫生而言，拯救生命首先要延後死亡，簡單明瞭。可以藉由衡量來評估：衡量存活的年、日、小時。醫生提供的救贖希望，是**希望有更多時間**，也就是可以數算的生命。醫生服從的希望是病人**要活更久**，而不是更好，不是生命的轉化。當生命成為自身的衡量標準，更好的生命就代表更多生命，死亡成為了最大的邪惡。假設找到了療法，被送到病床邊，病人有什麼希望？針對病人的救贖做了什麼？這種醫學希望服務的是世俗化的救贖——但根本沒有這種東西。

醫學將疾病與死亡連結起來，將健康與生命連結起來。蓋比烏斯（Gaubius of Leyden）[4]提出以下定義：「醫學是生命與健康的守護者，對抗死亡與疾病。」；而今日的醫學認為「自然死亡」欠缺證據，因為驗屍顯示所有死亡都可以追溯出疾病留下的痕跡。這意味著我們希望消除疾病，因為這樣就可以消除死亡。然而，有些生命是患染疾病的，有些人則健康地死亡，這也都是現實。重新理解這樣尋常的情況，能提供心理分析師面對死亡問題時的另一種觀點。對抗疾病的戰爭可以與死亡的恐懼有所區隔，因為疾病是生命與死亡的共同敵人。疾病干預了適當的死亡，如同干預了適當的生命。印度教有一個死亡隱喻顯示：**死亡需要健康**；在正確時機下，就會成熟、完整地從生命之樹墜落。這意味著醫生對抗疾病不僅是為了生命，**也是為了死亡**，為了讓他的病人能夠在意識上獲得圓滿。

或者，如愛斯基摩人，有人生病時就會另取新名，一個染患疾病的新的人格。要克服（get over）疾病，就必須像字面所示那樣藉由超越疾病而凌駕於其上，也就是藉由死亡來達成。唯一的療癒希望是讓那染病的人格死亡。健康需要死亡。

也許蘇格拉底最後含糊的遺言就是這個意思——他說他欠了醫神阿斯克勒庇俄斯一隻獻祭的公雞。一旦生命每天破曉帶著希望啼叫的洋洋自傲被獻祭之後，期待明日的直覺就屈服了。這時死亡就是療癒與救贖，而且不會只是身陷病末的那個惡劣階段。黎明的雞啼也預告了光明的重生。但只有當戰勝疾病的野心被棄置在神壇上之後，才能開始戰勝疾病並帶來新的一天。死亡經驗所療癒的疾病，是生命的狂怒。

醫學統計名詞給了這種疾病最好的稱呼：「預期壽命」。希望，「帶著欲望期待」，有統計上的意義；我們有權利得到一定的生命長度。這個希望往往會糾纏醫生與病人，讓他們期望錯誤的東西。他們希望有更多已知的生命，也就是過去。這種希望很難帶來救贖，甚至也無法帶來新的開始。這是一種退步，因為它阻止了死亡的挑戰。這是一種自我中心，因為要求更多本身既有的。這不是保羅所說的希望：那是看不見的；而「更好」應該是指生命的品質，不是切近正常。我們被說服相信解脫疾病的真實意義就是回到生病之前的狀態，回到先前的現狀（status quo ante）。當醫生加入病人一起希望快速康復，恢復並回到健康，他們便是在違逆時間的流動、年老的過程與死亡的現實。他們共同的希望否定了所有生命的病態。

「希望」引發受苦

心理分析師常發現自己刻意忽視進行分析時出現的症狀。他不去調查這些症狀，而是去探究造成病理現象的個案生活。他的假設是，疾病在個案的生活中是有意義的，他要瞭解這種意義。他不能像平常一樣抱持著療癒的希望，或甚至期待緩解症狀。他的心理分析經驗認為**病人呈現的希望是病理本身的一部分**。病人所產生的希望，是引發受苦的重要構成部分。這個部分時常受到不可能的要求所控制，想要擺脫受苦本身。構成症狀的情況，同樣就是這些症狀阻斷與殺害（或療癒）的情況。因此，心理分析師不會希望那種情況復發，因為症狀與解脫的希望都來自其中。

因為希望有這種幻想的核心，所以偏袒壓抑。藉由期待「先前的現狀」，我們壓抑了目前的虛弱、受苦狀態等等一切。故作堅強是今日許多人主訴的病因——胃潰瘍、心臟血管疾病、高血壓、壓力症狀、酗酒、開車與運動意外、精神崩潰。生病的意志，就像自殺衝動，帶領病人與醫生和病態正面相逢，頑固地復發，完全不顧所有相反的期待。有人可能會問，醫學所抱持的希望本身是否要為疾病復發負一部分責任？因為這個希望從來不完全容許虛弱與受苦存在，所以死亡經驗無法產生意義。快速康復剝奪了經驗的完整效果。**除非靈魂得到所需，否則必然會再次生病**。於是另一種醫療所導致的疾病復發惡性循環於焉展開。

醫學的健康形象，連同對於生命的期望，壓根不會容許足夠的受苦。醫學要免除我們受苦。醫生會將目標放在消除病人的疾病，因為在他看來，疾病是外物入侵，必須擊退。但「消除疾病」在心理分析而言是不可能的，因為如我們已看到的，疾病就是病人。疾病並不是病人必須被解救的苦難，而是救贖的必要條件。如果病人就是疾病，「消除」意味著以破壞來排斥病人。病人在心理分析中唯一的保護，或許是擴大的移情，靈魂在其中展開哄騙、攀附、誘惑，比以往更加強烈地要求存在的許可。只要療癒意味著「消除」，心理分析中就沒有人會想要放棄當病人。

但是，醫學治療的終極希望似乎是實現沒有病人的烏托邦。有某些時候病人不知為何總是會覺得自己「不應該」生病。我們被醫學牽著鼻子走，透過醫學的健康概念，要活得超越自己，我們受到驅使並且筋疲力竭，處在崩潰的邊緣，因為否認了人的脆弱。當醫生警告要放慢腳步，他自己的「快走，快走，快走」與「熱情主張」讓警告失效。「好轉」意味著「更強壯」；健康變得等同於力量，力量等同於生命。我們強健身體是為了應付崩潰，然後再重建到原來的狀態，就像機器陷入加速的回饋中。靈魂的聲音若想要被聽到，似乎只能採取醫生的語言——症狀。

虛弱而不帶希望，對無意識顯現的症狀保持被動，在心理分析剛開始時是很正面的情況。但這種情況給人的感覺並不正面，因為我們期望的是其他東西，某種來自我們已知事物的東西。然而死亡正在進行，而轉化有可能發生。心理分析師也許會鼓勵病人體驗這些事情，歡迎它們，甚至珍視它們——有些人要先惡化才能好轉。如果他開始跟病人一起希望「消除」它們，他就已經開始用醫學的態度來壓抑。有些人必須經歷遭到疾病擊敗的羞辱或出現自殺的想法，才會開始謙遜。但醫學希望卻在此時挾帶著配備各種技巧、儀器的處方，以恢復先前的強壯狀態為目標。它讓變強壯了的病人再次離開。這些病人本來是藉由接近死亡來得到健康，醫學卻再次遣送他們回到生命與疾病。

心理分析師用不一樣的方式來對待依賴、被動與無望，因為他從自己的弱點開始。他必須承認在第一個小時中他無法做出診斷，所以他不知道症狀的原因，也不知道是否能給予處置或治癒。在某種意義上，他表露出自己是被動的。他必須放棄他對於病人生命的期望，也沒有提供病人什麼希望。如果他抱持任何希望，也是存在於無意識之中，在未知之中，可能在分析辯證中會浮現出來，這是「無法看到」的希望。這個態度在〈面對自殺風險〉那一章中有詳細描述。

醫學對成長的概念無法套用於靈魂之上

如同面對希望，面對成長時也是如此。醫生受過生理學的訓練。他對於生物發展模式的概念來自於對演化的研究，主要是針對人類亞種的物種。他藉由體型的大小、功能的分化、發育的增長等等與物種的常態的接近程度，來辨識生物發展，而對於較高等的生命形式，他藉由生殖能力來辨識是否成熟。遺傳學、生物化學、組織學、胚胎學，讓醫生建立起關於成長的基本知識。

這種模式套用到心理分析過程的靈魂發展，就會誤解一些根本現象。我們在這裡又看到了佛洛伊德派心理分析被其醫學背景所影響。佛洛伊德派心理分析通常在病人成功調整了性行為之後，就會告一段落。佛洛伊德派心理分析很少接受年齡超過四十五歲的個案。這種發展概念是受限於生理思維。生殖的生理能力被套用到心理，成為「成熟」的一種標準。但生理的可塑性與心理能力必然相符嗎？

甚至連許多人所重視的概念——創造，也受到生理概念上的交配與生殖所影響。因為一切自然過程的起源都有實質的形式，創造被視為一種繁殖的行為，有具體的成果——一個孩子，一本書，一座碑——有實質的生命，超出創造者的生命。然而，創造力也可以是無法明確描述的，例如美好的生活、一個優美的動作，或其他靈魂的美德如自由與開放、雅緻與細膩、幽默、仁慈。對哲學與宗教而言，展現美德的能力一直是最基本的良善。傳統上，這種成長優先於生理成長。為了達到這種成長，生理上的創造力與自然成長可能會被犧牲。但靈魂的成長不需要成為烈士或禁慾。我們只需要重新認知到創造性的生命是自發與自由的，創造力並不只是生產大量肉體。病人想要的是「成長」與「能夠創造」。有很多心理治療誤以為每一個人都必須是正常的（已療癒了）、生兒育女、「從事某些事情」，或可以藉由寫作、繪畫或「製造東西」而有創造力。當一個人將創造力視為生產力，往往會得到有醫學背景的心理分析師接受，因為其中包含了生物學的成長概念（醫學立場局限於這種思維是很恰當的，因為我們知道「醫生」的字根是bhu，意思是「成長」、「生產」）。

這種成長的概念和希望一樣違背了期待。再次，這是量化的，往往把心理分析過程當成了**人格的增添**。有這種觀點的心理分析師會希望病人成長得更圓滿、更具適應力、更成功、更有生產力。或者，如果他的目標是內在的，成長就意味著更豐富、更與眾不同的主觀性（subjectivity），發展成為「擴大的意識」。不管擴展的是外在或內在，成長往往意味著增加，而增加的目標受到生物學思維的影響。人們會期待遵循生物學模式的路線成長，而完全立基於這種模式的心理分析師，就可能會犯下只用演化過程的標準來判斷成長的失誤。這種發展的概念比較適合成長中的孩童，而不是已經長大的成人，對成人而言，身材的增長、活力、生殖力以及符合常態，都已經不再是目標。成長只是增加，成長沒有死亡，就像是希望有一個奶水源源不絕的慈母。以擴大生產力來當成創造力，其中帶有對激烈進取的崇拜陽具抱持著全能的幻想。在老年時還維持這種目標，就算現在已轉移到「心靈發展」與「創造力」，也顯示了並未完全放下的孩童心態。未成熟的人，才要尋求成熟。青少年不都在各種「有吸引力」（becoming）的形象中發現成長與創造力？希望與成長，就像青春，都是青澀的。有創造力的

「熱情主張」是由不恰當的成長隱喻在背後支撐，可能會阻礙真正的心靈發展，於是心理分析師必須用完全不同的觀點來看待成長。

朝向非常態與脫離常規的成長

心理分析的創造力並不需要超越心理分析本身。不需要創造出其他東西。創造力就在心理分析的時段中呈現。心理分析的關係，也就是雙方共同營造出來的關係，是共同創造力的基本型態。其他的創造行為是孤獨的，如繪畫與寫作，或在複雜的團體中，如表演藝術。但在最佳情況之下的心理分析中，兩個人彼此創造對方。心理分析難道沒有在任何關係中為創造提供根源隱喻？——在其中，有成果的互動是工作本身，但工作不是為了這種成果。

心理分析過程是由朝向個體化的轉化所構成；它讓人成為自己。經驗觀察告訴我們，個體化是人類這個物種的常態。這是矛盾的，因為個體化總是與種類的概念有差異，不符合任何統計上的事實。**因此心理分析師發現自己鼓勵一種成長——如果真有成長的話——朝向非常態與脫離常規**。他發現自己採取的立場似乎反對了物種在生物學概念上的常態，一如對於自殺的立場。

靈魂的成長也許會完全偏離適應與變異。例如，一位年輕內向的妻子，或一位衝動而不思考的年輕男子，經過心理分析後可能會覺得自己更退縮，更無法掌控他們的世界。他們必須先成為他們自己，而不是去適應一個對他們提出不切實際的要求的世界。以更長遠的觀點來看，也許他們現在比較適應，但達成這種適應的步驟看起來與慣常的生物學成長概念完全不一樣。甚至療養院的一些極端例子，如嚴重依賴與退縮自閉，心理分析師也可以視為成長的現象。靈魂可以發展而不需要曝露出來，而當它顯現時也許看來會與世界、生命及身體互相矛盾。我們必須重新思考「健康的身體才有健康的心靈」這個古老的概念。當我們提到完滿的生活，並不一定也意味著完滿的靈魂。有時完滿的生活意味著「內在的空虛」，就像一個富足的靈魂或一個好人，可能一輩子沒有一天是過著醫學觀點上的健康生活。

擴增與變異的生物學目標可能必須為了集中而放棄。對於一些有天分的年輕人而言，放眼所見的所有耀眼可能必須加以縮減。意識的發展需要毅力與專注。集中在自己與自己的命運上，會發展出一種狹窄的視野與情感強度，這完全不符合生物學的變異模式，也不符合一個多才多藝的人動員自身所有能力參與某事的那種活力。

心理分析不是動態的心理治療。「心理動力學」（Psychodynamics）這個語詞就背離了帶著希望、會有所成長的世界觀。心理分析時常會使得改變的動能逐漸消失，以穩定來告終。這種穩定是煉金師所謂的石頭；不被視為成長與變異，而是保持一致。這種狀態的單純不是悲觀，但對樂觀期待有很大的壓力。

質化的精煉而非量化的成長

成長的發展也許是遠離世界的。心理分析過程用喪失、蛻去、死亡的意象來顯示這點。消失的和增添的一樣多。當幻想被處理了之後，剩下來的通常比希望的要少，因為成為自己意味著被減少到只是自己——平凡黏土做成的石頭——就像愛自己意味著接受自己有所局限的現實，這同時也是自己的獨特之處。心理分析發展，尤其在年老的人身上，似乎是逐漸遠離展現在外的，而進入隱藏起來的（再次，想要向我們展現每一件東西的難道不都是小孩？）。呈現成果的問題越來越不那麼迫切，雖然心理分析的工作可能越來越急迫。在這裡，創造力完全用於創造自己。我們在前面曾以傳統的說法將以上的過程說是精微體，或不朽的鑽石身，或建立自己的死亡。這樣的成長與創造是無法用生物學標準來衡量；而比較符合宗教、神祕主義與哲學的靈性發展模式。

因此對心理分析過程最好的描述，是質化的精煉而非量化的成長。如榮格仔細記載的，煉金術最能夠清楚代表這類的發展。礦石（我們共同的成分）被熔化，提煉出貴重的金屬；液體（我們隱約的情感流動）被蒸餾為一滴稀有的精華；固體（我們沒有固定形貌的堆積）被簡化為元素。藉由辨識差異來加以分離，雜質則被丟棄。或者，透過火焰與鹽巴（我們炙烈與苦澀的經驗）燒掉了多餘的東西，只留下有價值的。粗糙的變得細緻，沉重的變得靈活，輕佻變得穩重，乾旱獲得雨水滋潤。收成總是比農田原有的作物要少。心理分析往往會造就出宗教上較渺小的人物，成長似乎是往下與往內，並且往後，朝向古老的神靈，使誕生出我們的種子發芽。如煉金術所言，心理分析過程是**違反自然**（opus contra naturam）的。就算我們的心智必須用生物學隱喻來描述，靈魂的個體發生（ontogeny）也很難算是生物學的系統發生（phylogeny）。因此，心靈成長是一種與自然生命相矛盾的成長；自然生命是在無知下孕育的。靈魂的成長應該要透過死亡——最重大的違反自然。這不是成長，而是如佛陀臨終所言：「一切因緣法必將敗壞。大家要精勤，努力解脫。」

對現實的直接經驗

這就如，以希望與成長來看待心理分析過程並不足夠，反過來說，絕望與死亡也是不完滿的隱喻。或者說，只要我們把心理分析只當成一種改善的過程來討論，任何精煉、轉化、成長，發展的模式都可以。但當這些根源隱喻屏擋了**直接經驗**，就都成為誤導。而直接經驗是靈魂唯一的食物，是心理分析的核心，因為它能產生意識。精煉、轉化、成長、發展都需要個體的直接經驗來一舉打破累積的發展過程。

過程很容易被混淆為進展，進展也很容易遮掩了當下。事實上，任何當下都可能是死亡的當下，所以完整的過程總是被濃縮到當下。不是在其他地方，或未來，而是此時此地，有強烈情感意識的當下。

我們對意識所知甚少。人類在地球上存在這麼久的時間了，我們還是無法對心靈生命的核心有什麼描述。我們合理假設意識有生理上的基礎，與感官連結。我們也有理由相信意識會消耗能量，需要心理上的張力，且被所謂的「現實」所限制。相對的，我們用「無意識」這個詞來描述被扭曲或無法辨識的現實。從我們擁有的證據來看，似乎**以最大膽的方式來經驗現實時，意識便會強化**。

這個說法符合了大多數靈修法門的描述，認為透過強化注意力的焦點可以發展意識。這種注意力不僅是智性的。這是一種參與、等待或傾聽現實，其意象就是佛陀——他那大而善於接受的耳朵，臉的一整半邊是敞開的。意識在心理分析時藉著大膽面對現實而得到活力，其中具有代表性的例子是一起透過自殺面對死亡的現實。此時一切掩飾都脫落，無數關於意識發展的隱喻都表現出這種境地，例如：在死胡同裡打轉、在迷宮中迂迴而行；朝聖者經歷了得意、消沉與險阻的過程；一層一層剝開重重的包覆才能探知猶太祕教（Kabbalah）的奧義，等等。不管是什麼隱喻，目的是到達一種對現實的直接經驗，經歷事情的本來面貌。神祕意識，甚至如赫胥黎的化學「即時異象」（instant visions）[5]，都是想要達成這種生動的穿透，讓此處的主觀意識與他處的客觀自然兩者間的區隔消失。生命與想像融合在同時性之中。

我們所建立的系統有種種迷宮、圍牆與帷幕來阻止直接接觸。它們是阻止成長的成長，是遮蔽敏銳感受直接暴露出來的外殼。因為**「直接」是一大禁忌**，經驗變成了代理。靈魂的食物被包裝起來。一個人不再感覺自己是在自己的生命之中，而是從外面觀看或加以描述。他成為了電影中的角色、自己回憶錄的作者，以及為絕望的親人實現希望的家族想像。母親透過子女來實現生命，父親則透過工作。性慾的碰觸成為一種衝動，因為所有直接祖裎相見的可能性都逐漸消失。靈魂會以它質樸的說服力對另一人顯露自己，但這只會驅使肉體犯下通姦愚行。非常巧妙地，經驗受到心理本身的影響——受到心理英雄的形象與生命以及心理的方法與條件所影響。一個人成為了個案報告，展現出書本中的概念，在自我心理分析的過程裡，把自發的情感分解成碎片。所有值得參與的休閒活動與社會責任、中產階級的嗜好，以及更「高等」的追求如宗教、藝術與私人情愛的寧靜祥和，**都會阻止直接經驗**，因此生命便被年輕人稱為「虛假的」，因為他們仍然有直接經驗的能力，奮力不讓自己純淨的識見被禁錮在成人早已打造好的迴避陷阱中。因為這樣，我們稱心理分析為持續的崩潰，並與創造有關。心理分析一定是打破偶像的。**它藉由打破經驗被困住的容器來繼續進行，就算是心理分析本身的容器也要打破。**

沒有希望，沒有成長，只有純淨透徹的清明

在所有的容器中，醫學對於心理分析師的誘惑最大，尤其是它令人滿意地容納了病人的期望。尋找成長，把希望放在未來，就可以忽略此時未完成之事。在心理分析中，只有神聖的此時；成長與希望卻從此時轉向他處。在這裡，只有大膽才是恰當行為，甚至連醫學治療技術都要讓路給人性的直率與感情的冒險。在這裡，我們是赤裸的，而且愚笨到無可救藥，完全不會比病人更優越。

心理分析師在分析進行之際，能用於強化意識的唯一工具是他本人。因此，心理分析師總是把自身接受過心理分析當成這項職業的主要條件；沒經過心理分析，就是外行。夢想、聯想與事件，都可能為他提供協助，但也可能同樣輕易被病人用來當成新的遮幕、新的防禦，藉以對抗直接經驗。這使當下的接觸更為重要，因為心理分析師不僅是病人的鏡子，他會用心理分析師自己的反應來面對病人。病人是為了這種反應而來。他不是追求成長，或愛情，或療癒，而是為了直接面對現實的意識。當下的接觸需要兩位伙伴強烈的專注，或「全然在場」，一種完全「處於當下」，而由於生理基礎的條件，意識無法保持長時間的專注。再次，如我們在第六章談到的，這種完全奉獻於過程中的狀況是心理分析工作的存在論基礎，因為以分析的態度處於當下也意味著心理分析的存在。

從躺椅轉移到一般的椅子，也就是從佛洛伊德轉移到榮格，顯示了從診斷與調解轉移到辯證與當下。實際的位置反映了另一種存在論的位置，給予「心理分析中的存在」另一種意義。坐在椅子中的病人，不再用俯視的醫學觀點把自己看成是診斷與治療的對象。從躺椅變成椅子，象徵著焦點從此人「曾經是什麼」變成「現在是誰」。扶手椅把我們圈圍在我們自己之內，回到我們現實的內在，回到我們的本來面貌，面對面，膝蓋碰著膝蓋，大膽面對鏡中的另一個人，不再有他人代為體驗的情形。不再有希冀從中出現新東西的自由聯想。不再期待不同的東西；相反的，是同樣的那個人，存於此時此刻。我們經驗到一再改變之下的不變。這種相同與不變是古希臘人所謂的「存在」（Being），也就是一個人一致不變的獨特性，煉金師以石頭的意象來呈現。在這個靜止與受傷的關頭，沒有希望或成長，沒有任何適切可言，只有此時，神所允諾（deo concedente），純淨透徹如水晶。

這個過程可以被描述為一連串獨特而無價的清明時刻，在心靈之中時常被想像為一串寶石項鍊。傳統上認為這種由猶如稜鏡的清明時刻形成的架構，是在建造鑽石身。心理分析工作讓無法摧毀的意識價值在靈魂中實現，而這工作與我們的主題——死亡、不滅以及建造鑽石身——之間的關連，現在浮現出來了。

但我們不能就此做出結論，認為尋求解決自身心理問題的病人基本上是要解決他的心靈問題；也就是說，解決自己的問題就是解決或拯救自己的靈魂。這是傳統上向來所謂的救贖或贖罪。我們發現，在所有催促成長與發展、創造與繁衍，希望變得更強、有更多生命、更多時間，催促快走快走快走，這一切催促的背後，是想要拯救自己靈魂的需求，不管用什麼方法，不擇手段，上刀山或下油鍋，禪學、佛洛伊德或榮格。透過在心理分析中成為可能的直接經驗，我們做到如佛陀所說的：「大家要精勤，努力解脫。」

註釋 NOTES

1 赫非斯托斯（Hephaestus）是古希臘神話中的火神，為諸神的工匠，西方語言中的「火山」一詞便源於他的羅馬名字。

2 潘諾夫斯基（Erwin Panofsky, 1892–1968）德國猶太裔藝術史學家、圖像學家，以人文主義的觀點來進行藝術史研究，有別於決定論或權威主義的觀點，試圖整理爬梳歷史原稿、紀錄，將之轉化為一種文化的全貌。曾利用完形心理學（Gestalt psychology）解釋作品結構原則，傾向於形式的研究與發展，強調整體的性質會影響到構成部分的知覺，亦即人類的知覺會將感覺資料聚集在一起，成為整體的形式。其妻亦為一藝術史學家。

3 赫西俄德（Hesiod），古希臘詩人，被稱為「希臘教訓詩之父」。唯一一首被公認是赫西俄德寫的長詩是《工作與時日》，其中包括許多忠告和理智的想法，鼓勵人們忠忱地工作生活，反對休閒和不公正。

4 蓋比烏斯（Jérôme-David Gaubius, 1705–80），德國醫師及化學家。受教於歐洲知名的荷蘭植物學家、人文主義者兼醫生赫爾曼．布爾哈夫（Herman Boerhaave）。他被視為臨床教學以及現代學術醫院的奠基人，主要成就是指明了症狀與病變的關係。

5 赫胥黎（Aldous Leonard Huxley, 1894–1963）為英格蘭作家，最著名的著作是《美麗新世界》。屬於著名的赫胥黎家族，祖父是著名生物學家、演化論支持者湯瑪斯．亨利．赫胥黎。他認為，透過化學物質所引發的意識擴展現象，與其他意識擴展經驗，在性質上並無差別。

【第十二章】

醫療的守密與心理分析的神祕

現在讓我們看看心理分析的守密是否遵循醫學的原則，如希波克拉底誓詞的第一條：「不管我看到或聽到什麼，在職業上或私底下，都不應該透露，我將守密，不告訴任何人。」如果除了醫學立場之外，心理分析的守密也自有其理由，我們就有了另一個反對將心理分析視為「外行」的論點。

醫療守密是一種高尚的道德原則。這保護了個人尊嚴，同時卻提升了疾病，將之視為某人的命運，是他個人悲劇的一部分，要受到尊重。醫療守密也有社會需要。由於健康與疾病被視為命運的起伏，醫生千萬不可對病人的私事說閒話。若沒有醫學的倫理，幾乎不可能行醫。如果醫生會把病房裡的事情散播到市街上，誰會願意讓醫生進門看到自己最軟弱與令人嫌惡的一面？然而，儘管陳義如此崇高，醫療守密時常只是一種經過規劃的保密。

保密往往是經過規劃的，因為這是一種規定，規定對於所有案例一視同仁。醫療守密往往會忽略**病人與醫生之間的個人關係**，因此病人的確是「在醫生的手中」或「在醫生的刀下」。

醫生不會從認同眼前的病人開始，來展開診療行為；基於我們所談過的種種理由，現代醫學不會這樣做。醫生需要醫療守密的規定來**保護病人**，因為他不覺得病人影響到他。他沒有意識到醫療守密的目標也是為了保護醫生，因為在某種意義上，暴露病人就是暴露自己。如果醫生像心理分析師一樣在療程中有情感的參與，守密的規定就有不同的需要。這樣一來他會覺得必須保持沉默，不談論病人的靈魂狀態，就像他不談論自己的靈魂一樣。這樣的謹慎態度不需要用規定來強制要求，因為自然而然就會如此。

當這種自然而然的謹慎已經消失了，才會以規定來強制。在古代，希波克拉底誓詞具有宗教意涵，但如今已被現代醫學剝除。留下的只是僵硬的骨架，一種缺乏卓越活力的倫理原則。醫生說：「你可以告訴我一切，給我看一切，因為根據我的誓言，絕不會外洩。」但醫生完全沒提到他自己，以及他如何接受另一人的靈魂在他面前如此坦露。**分享祕密就會產生親密感**，**病人最先在乎的不是其他人，而是醫生**。他有資格如此深入我的私人生命嗎？醫生是否能夠處理他所要求的揭露？然而病人卻被這規定逼迫著要與一個陌生人產生親密感。

醫療守密是透過奇怪的劃清界線而達成的。病人提供自己的個案歷史與身體，彷彿這些都是在他的內在生命之外。醫生檢視病人的個案歷史與身體，彷彿它們是物體。在醫療情況中可能不考量其他方法，醫療守密就足夠了。反正身體不像靈魂那樣隱藏起來；身體的事實被客觀化、公開，而靈魂基本上是私人而隱密的。所以，當古代的醫生尋找靈魂的位置，他們會去探看身體最隱密之處，就像今日受醫學影響的心理分析師，認為心靈生命是與「私處」與「祕密部位」緊密相連。

錯誤的守密是一種防禦，導致與世隔離

錯誤的祕密與錯誤的守密會使一個人孤立，並且在內在像毒藥般發揮作用，因此告解是一種淨化，溝通是一種治療。要求絕對忠誠的多疑心態，擔心背叛與揭發，顯示一個人不再能夠愛人或受傷害。愛總是伴隨著受到背叛的可能，不然就沒有風險。安全的愛只是一種小愛。這種守密是一種防禦，會導致多疑的孤獨：獨自與祕密同在，不相信任何人。另一種錯誤的守密是孩童為了表現自己的萬能而緊握著祕密，這對孩子是有必要的，但長大的孩童卻也繼續這種模式，靠著守密來控制局面。多疑與幼稚的守密都讓人錯誤地與世隔離。

守密在語源上意味著讓事情保持分開、分離。祕密是個體性的基礎。例如，在一個家庭中，要發展出個別的人格，就要與其他家庭成員互相守住一些祕密，同時又獨自保有其他祕密。守密讓你與人隔離，你在祕密的生活中發現你自己個別的靈魂（守密之所以如此困難，正是因為保持自己的個體性本身就很難）。

說出祕密，我們就讓另一人進入專屬自己且不可侵犯的個體性。直到我們覺得要分享祕密

的另一人也會將祕密視為神聖的之前，我們會一直守住祕密。因此雙方必須建立信任。信任透過瞭解與辯證而慢慢建立。**祕密只能兩人互相分享，而不是一人與一個職業分享**。當心理分析師配合醫療守密而抑制自己的性格，希望能創造心理分析師只是一個客觀反映者的情境，他可能事實上反而妨礙了病人所需要的揭露，這不只是抒發，而是渴望與另一個人類分享。我們之所以打開自己，不只是為了**說出**祕密，而是讓其他人**加入**祕密。心理分析觀點往往把祕密當成某種要分享的東西，就像共食（communal meal）一樣。因為參與祕密會建立關係，病人不願意揭露自己，或甚至不願接受心理測試，對心理分析工作反而是好的開始。這顯示了病人很重視自己的私人生活——他的靈魂歷史。但是，守密會妨礙正確診斷，也拒絕了把一切帶向光明的阿波羅衝動。所以醫學觀點往往把所有祕密都當成錯誤的祕密。祕密是需要從病人的身體系統中宣洩與淨化的東西。祕密必須不受拘束地說出來，不管想到了什麼，以便滌淨胸懷。因此佛洛伊德派的心理分析最早被稱為「談話治療」。

心理分析，如我們從第一章一路下來所設想的，是一種祕密結盟。其中的信任透過守密而發展。如果心理分析師因談論個案而破壞了這種信任，算是倫理上的錯誤，那麼個案如果把他的心理分析師與他的分析告訴他人，也是對此祕密結盟的破壞。雙方互相的守密只要有一方公開，就算是破裂。打破祕密就是打破承諾，也就是打破了心理分析的承諾。這個承諾並非期待特定的結果，雖然其中暗示著豐富的可能性。雙方守密承諾了未來。因此維持對祕密的容納是建立心理分析容器的第一步，而這容器盛裝著心理分析的承諾。

榮格在他的煉金術研究中將這個概念以「心理分析容器」（analytical vessel）這個意象來呈現。雙方在共同工作中對彼此忠誠，是這工作本身不可缺少的條件。沒有祕密結盟，我們無法面對自殺風險。這種守密不僅是倫理強加的規定，而是有另一種立場，更接近宗教的神祕。

生命的神祕有一半是在黑暗中進行

神祕（mystery）一詞來自於希臘文myein，用來描述花瓣或眼皮的閉闔。那是一種自然的隱匿動作，在生命的神祕之前表現虔誠的羞愧，而生命的神祕有一半是在黑暗中進行。心理分析師若一直只從性的觀點來看待移情，可能往往會忽略了羞愧、隱匿與神祕或許也是美德。有些過程必須守密，才能發揮功能。例如，守密適合創造的活動，適合情人的關係、祈禱、冥想與避靜。我們的重要經驗有其非凡之處，在於它們都是如此私密而不為人知，只個別地對我們個人有意義。一切黑暗的事物，不一定都是受到壓抑的。在深度心理學的深處——就算是在生物模式中被想成是根源於泥土與黑暗——必然依然留在地底。源頭是看不見的。

心理分析對於揭開壓抑是很謹慎的。因為被壓抑的總是會以某種形式回來，憑著「熱情主張」（furor agendi）的精神來挖掘，可能會時機過早而且傷害了整棵植物。因此，探索壓抑的性慾時，不要太躁進，揭露了本該隱藏的。在大多數社會中，性高潮（numinous，與神相通）受到禁忌保護，而且生殖器通常會被遮掩起來。坦白地談論性慾會違反了性的活動本來就該隱密的感覺。性交不是公開的事情，而繁衍的時刻，從卵子成熟、製造精子到受精、妊娠，都是在黑暗中發生。這意味著當性的祕密與罪行要攤在陽光下時，我們最好把性的神祕與羞愧留在黑暗中。

要與心理分析的神祕相比擬的話，宗教的神祕大概最適合。守密是對已知保持沉默，神祕則關係到未知與不可知。參與宗教神祕的人分享了一種不是由他本身造成的經驗。他見證神的現身，一場將他的靈魂拉進這宗教事件的戲劇，而透過這個經驗，他被轉化了。他的見證不是疏離的觀察，他參與時的情感也不是狂熱的。他向任何可能發生的事開放，容許自己被超越自己意志的東西所感動。在希臘，那些參與了偉大神祕的人——可能一次有數千人——從來都沒有洩漏發生了什麼事，直到今日我們還是無法精確「知道」（從科學意義來說）那些神祕的內容與過程。他們沒有洩漏，因為畏懼死亡，因為他們所參與的神祕不僅要求守密，不僅要求審慎，也帶來一種無法抵擋的沉默敬畏，讓人不可能告訴沒有共同分享經驗的人。**參與者本身並不「知道」**。宗教生命倚賴這種經驗，有神祕發生的地方，就會立起一座神廟。心理分析的神祕很自然會產生祭儀體系（cults）。

我們無法報導神祕，因為無法描述自己參與了什麼。「描述」意味著「從外面」，要能夠報導，就必須離開那種狀態。參與神祕的人會一直在裡面，只要容器是封閉的。要離開一個生命經驗來描述，意味著不再分享這種生命。意味著死亡。

心理分析中的神祕

如果我們同意心理分析關係是一種祕密結盟，心理分析過程是一種神祕，那麼一些傾向隱藏不宣的移情，便不僅是被視為藉口與抗拒，也是過程中的合理層面。被分析者不是醫學領域裡的病人，他們會想要隱瞞一些自身的個案歷史。他有義務要保留自己的靈魂，直到他感覺自己與心理分析師的連結不是一種經由執業規範所強加的規劃，而是一種真正的聯繫。或者，當心理分析後來朝向脫離連繫時，這個階段便可從隱瞞祕密辨識出來。另一人開始保留自己的靈魂，用自己獨享的經驗來滋養自己的個體性。

於是便會觀察到以下的狀況：首先，抗拒、隱藏、沉默與懷疑會使過程變慢下來。這些阻礙非常難以處理，讓人不禁要問：為何會有這些現象？難道不正是要讓轉化更為堅固而持久？守密不僅強化了兩人的連結，也強化了被分析者的心靈整合。當一個被分析者在自由聯想時遭遇阻礙，我們就看到了抗阻情結的跡象。但如我們所看到的，情結無法被蠻力減輕，也無法克服抗拒。情結的核心總是一種帶有情感的理念，一種無法摧毀的經驗，必須成為祕密，因為它在根本上是一種未知而神聖的神祕。這個核心無法被瞭解，除非從經驗中得到了原型意義——這可能要花一輩子之久。**因此抗阻與守密是立基在心靈生命核心的未知與不可知**。

其次，心理分析師頑強拒絕提出心理分析的詳細書面報告，是情有可原的。有些事情永遠不該說出來，即使當一個人已經過世，因為祕密是屬於靈魂的，我們並不知道靈魂是否也會死。此外，有些事情永遠不該說出是因為永遠無法說出；這些事情不容許有系統的陳述。有系統的陳述會把心靈生命核心的未知變成「問題」。把心理問題與靈魂神祕混淆在一起是錯誤的，因為這一方面是把問題神祕化，另一方面是要解開神祕。靈魂雖然有很多問題，但本身並不是問題，而是一種神祕。心理分析師雖然是問題解決者，也是一個隱修士（myste），守密的入門者。**問題可以被解決；神祕只能去體驗**。

最後，以心理分析師所感受到的抗阻來解釋人類行為，有很實在的根據。他的感受不是來自於晦黯中的浪漫想像與模糊的體驗。恰恰相反地，心理分析師是為太陽神服務，他日夜努力想澄清與闡明某些事。他被驅使要努力思考、簡潔表達。然而，心理分析也讓執行心理分析的人了解人類生命有很多是隱藏在無意識之中。接受了這種黑暗，他便可以在裡面工作。如果靈魂是一種神祕，解釋永遠是不足的。

治療過程的神祕是心理分析守密的真正背景。它與醫療守密完全不一樣，意味著並不需要醫學學位、誓詞與行為準則來確保容器維持封閉。封閉的容器是要容納超越的、非個人的心靈力量，這些力量會帶來療癒。這種療癒是在翅膀的遮蔽之下進行。有些人經驗到的這種非個人力量如同神明，而這神明在療癒過程中的施展，使這過程成為映照在夢中的一齣戲劇。每一個夢都有戲劇結構，一系列的夢揭開了劇情、內在的景象與靈魂歷史的角色。這種治療的戲劇是一齣漫長的神祕史詩，神明、病人與心理分析師都參與演出。當神明登場，一切都沉默下來，而且闔上眼簾。一個人透過這種經驗沒入遺忘的境地，再出來時是不知道究竟發生過什麼事的——只知道自己被改變了。

於都柏林，一九六二年六月四日

後記

邁向世界靈魂

自殺是一種原型，是世界共通且永恆存在；然而，我們對它的看法卻受到時代所囿限。所以這本書既受限於時間，也掙脫了時間。本書有五〇年代剛構思時的痕跡，而五〇年代後期與六〇年代初期的心理治療仍受醫學模式的影響，那是九〇年代末進入靈魂年代之前的時期。

四十年前「靈魂」算是無家可歸，只能流落街頭，或埋藏在宗教的佈道與墓園中，這在現在看起來是很奇怪的。事實上，本書讓「靈魂」從宗教骨灰罈裡復生，將日常生活中那些充滿熱情的靈魂食物、靈魂音樂、靈魂兄弟姊妹與靈魂死亡，注入了靈魂之中。這本書有資格宣稱是最早把「靈魂」帶到臨床討論核心之中的著作，我甚至大膽地在書名使用了這個字眼。

把靈魂提升到冠在一本談治療的書名上，是效法榮格著名的著作，書名是《追尋靈魂的現代人》（*Modern Man in Search of a Soul*, 1933）。我的書嘗試把他的靈魂心理學帶入最艱難的治療課題：病人自殺。書為此而寫，也因此而繼續被閱讀。這本書進入了治療的核心。因為我們每個人都靜默地對自己進行著治療，自殺的課題觸及了我們每個人的內心。

一九五〇年代的心理治療是很醫學取向的，因此本書用大部分篇幅（第二部）將兩種對比鮮明的立場——醫學與心理學——之間的區別呈現出來。整本書藉著讓生命與靈魂之間的分割得更加徹底，而使這種區別更加深化。書中主張心理治療師的主要任務是「建立靈魂」（soul-making，後來我發現濟慈[1]也有此一說），而不是保存生命。尤有甚者，如果生命與靈魂可能會分道揚鑣，這種區別最清楚的案例就出現在自殺。

現在，就算這種區別有助於思考，在實務上，靈魂與生命並不是那麼容易分開的。事實上，在我後來關於靈魂的文章中（當然還有湯瑪斯．摩爾[2]關照世界中的靈魂的著作），略為地詳細探討了如何在不失去靈魂的前提下追求生命，在建立靈魂的同時不需放棄生命的呼喚。早年我不太能理解這種輕鬆的互動，因此在《夢境與幽冥世界》（*The Dream and the Underworld*，暫譯）一書中關於永恆少年（puer aeternus）的章節，以及討論憂鬱的藍色與想像的白色大地的煉金術文章中，將靈魂與日常生活之間的界線劃得甚至更確切。後來，位在界線一邊的生命反擊拉扯，成為我討論都市設計與習性、公民權與生態的文字；這兩端孰為歸依——讓人在靈魂與生命之間擺盪。最後，一九八一年時透過「世界靈魂」（anima mundi，希臘文）的概念來臨，靈魂得以屬於世界，且身在世界之中；同一年的愛諾思講座則以「煉金術中對於空氣的想像」為題，顯示了靈魂如何遷離保守著祕密的封閉容器，向外來到化學與科技的大眾世界。

醫學的價值

除了想要修正第一個對立——建立靈魂與經歷生命——也有其他需要處理的事。本書表達了一種反對醫學模式的偏見，儘管在六〇年代的背景下，這種敵意受到英雄般的重視與認可。心理治療從以前至現在都有醫學的陰影。這種陰影是將文化準則內攝到自己潛意識裡的一種表現，這些準則認為精神醫學勝過心理學，身體勝過靈魂，頭腦勝過心智，科學勝過藝術。所以，心理治療師的工作總是籠罩在感覺低人一等的陰影中，而這低人一等的感覺是建立在心理治療師自己「非醫學」身分的事實上。為了展現潛力並獲得認可，心理治療必須脫離講究物質主義、科學主義與線性因果關係的醫學壓迫者。再次地，只有到後來（在《虛構的療癒》〔*Healing Fiction*〕這本書）我才明白，這種低人一等的感覺是伴隨著靈魂而來的，而不僅是文化準則以及醫學科學地位的保衛所帶來的結果。所以，本書也展現了作者與醫學陰影的對抗。

由於這種對抗、這種英勇，本書無視於一個事實，即醫學思維也影響到心理實務的道德。我們不要忘記這點，例如：對於隱私的倫理規範、「首要之務為不造成傷害」的信條、阿波羅的迅即赴援，顯示了醫療人員涉身的是利他事業，治療是以他人為中心。

醫學模式也將公眾事務以公眾角度來考量——傳染、流行病學、公共衛生。這種公共關切在醫療上意味著更廣泛地照料病人，而不是偏向獨立存在的單獨個體——那個在社會（polis）

之中沒有背景的突兀個人。

醫學模式的另一個道德是病理學觀點。醫生通曉病理學，瞭解扭曲、疾病與死亡。他們的眼睛適應了陰影，企圖分辨微小的複雜失序。畢竟讓病人來看病的不是因為移情、抗阻、操控、壓抑以及所有其他實務技巧與理論，而只是因為苦難經常化身為疾病。某些事情再也無法忍受，而且感覺不對勁。

醫學的心智將疾病列為首位，疾病的概念必然瀰漫在醫療實務裡，駐留在人類痛苦與忍耐的處境中。不然心理治療諮商室會變成一間密室，充斥著自我實現與靈性超越的想法，而靈魂則回到教堂裡。

也讓我們記住，醫學模式中也有神性。儘管醫學抱持當代的科學主義、崇拜藥物及儀器，卻自有其神明靠山——阿波羅、阿斯克勒庇俄斯、許癸厄亞[3]、凱龍[4]、馬卡翁[5]、普達里歐士[6]、帕那刻亞[7]、戴奧尼索斯、阿耳忒彌斯[8]、佩昂[9]。墨丘利[10]的纏繞法杖仍是醫療的象徵。海克力士[11]被稱為療癒救主；連阿基里斯（Achilles）都能處理戰鬥傷口。除了神明之外，醫學也具體表現了人類仔細觀察以及將關切專注於人類難解處境的可貴傳統，對於這難解的處境，醫學有把握這不是人類會欣然嚮往的理想，而去除了醫學背景的心理治療，對這難解處境可能會忽略，甚至否認。

儘管向醫學致敬，我仍要繼續挺身支持我在三十五年前寫下的文字。除了疾病與失調，靈魂與死亡的確也有緊密的根源，疾病與失調並非死亡僅有的信使。所以死亡不是醫學的特權。靈魂與冥界、**另一邊**固有的根源關連，讓靈魂在存在上不同於任何用醫學字眼來定義生死的醫學模式。腦死可能無法充分衡量死亡，就算只是衡量肉體死亡，只用這種方式也有爭議。生命的維持很難被簡化為一套維生系統。只要死亡的複雜與費解被限制在醫學定義中，醫學與靈魂就很難結合在一起。兩者會分解開來，形成對立，前者執迷於醫藥與功能運作，後者則屈服於宗教的寧謐。

對個體與集體的思索

在本書所隱含之關於靈魂與生命的基本區分，不一定會獲至這裡提到的那種結論。我的意思是，不一定要同意靈魂是私人的，而死亡只關係到個體。也許多年前當我構思本書時，存在主義與孤獨的惱怒也在其中佔有了一席之地。卡謬、沙特、齊克果[12]、海德格的擔憂與被拋境況（Throwness）[13]——這些都是鄰居。當然整個的基礎是榮格，他那具有啟發性的自性哲學（philosophy of the Self）以及激進的個體論，向上擴散到我所構築的內容。

源自這些哲學的個體態度冒犯了公共領域，被視為一個漠然不察的地獄（地獄就是其他人，沙特這麼寫的），只是，榮格所謂的「集體」這個字眼，較適合用來描述蘇聯的農場與卡謬、沙特的瘟疫與蒼蠅，而不是靈魂寓居其中、仰賴其供養與歡樂的人類社會。當然榮格與這些法國作家們不喜歡集體。他們剛經歷二次世界大戰的恐怖、通敵、黨衛軍與死亡集中營。然而卡利古拉[14]、阿提拉[15]與科提茲[16]無時無處不在，甚至位居五角大廈的五芒星之下。畢竟，「集體心靈」（collective psyche）就是眾人（polis）。它是文明本身，而不只是群眾、大眾、無思想的暴民。把個體與集體在邏輯上強迫列為對立狀態，個體便成為了自己城市裡的陌生人，成為孤離的存在主義狀態。對於這個孤立的自我，死亡只能被想成是空乏而單獨的，在邏輯上、在存在上都與任何靈魂團體分離。自殺是你個人的隱私。它讓個體如同哈姆雷特那樣受折磨。存在或不存在必須成為身為陌生人的每一個我們的主要問題，如卡謬所寫的那樣。

但是，如果「靈魂」也是指一種「世界靈魂」，那麼，如煉金師桑德沃吉斯[17]與帕拉塞爾蘇斯[18]寫的，靈魂大部分就是在人的「外面」了。靈魂也屬於你所不能掌控的世界。如此一來，自殺的決定權也就不屬於你一個人了。也許你的身體與身體的生存掌握在你手中，但你的靈魂參與了這個世界。你也許是唯一的行刑者，但你也是唯一的判官嗎？

幾年前在對於心理治療的廣泛批評中，我對其過度的個體主義、對世界的忽略感到很掙扎。我提議，何不把「自我」（Self）定義為**群體**（**community**）**的內在化**？何不把靈魂在宇宙哲學上的重要性歸還給它？因為在本質上，我們的個體性本就牽涉到與環境和自己在群體中的身分的衝突。何不承認這種依附是存在所必需的，對靈魂的本質而言是重要的？

那麼，人與人之間的關係，以及人與事物的關係，便都是本然具備的，不再是包覆在皮囊中、隔離而獨立的原子個體（atomistic individuals）[19]之間的對外聯繫。我們將不再「建立」關係或「處理」關係；相反地，我們將辨識、瞭解與改善已經具存的關係。心理治療將發現，移情只是顯示這種先天而且無法簡化的依附。一旦我們瞭解那種參與是靈魂的根本，我們在本質上將無法避免地互相連結，我們的命運之繩將與其他靈魂一起糾結纏繞。其他人將捲入你的死亡，一如你被捲入他們的死亡。自殺成為了群體之事。

古老的教會法規禁止自殺者埋葬於教堂墓地，這顯然是因為相信自殺會將你的身體與靈魂從群體的靈魂主體中切離。自殺不僅奪走你的生命；也奪走你生來對其他人的依附，切斷連繫著你與眾人的命運之繩。你取走了自己的生命，就等於宣告了你的存在本質不是群體的一份子，不是一個成員，彷彿完全置身於任何宇宙活動之外。

然而，切斷了這連結的並不是自殺行動，而是「我的靈魂是我的，因此我的死亡也只屬於我」這個想法。我可以恣意處理自己的死亡。因為我可以隨我高興，在任何時間、地點、用任何方式來結束自己的生命，我完全是我自己的，完全自己決定，擺脫了壓迫全人類的根本束縛——無可懷疑卻難以預測的死亡。我不再受制於死神，等待死神以自己的意志在任何時間、地點、用任何方式降臨。我從死神手中奪走我自己的死亡。自殺成為終極的權力。我是我自己的救主（Redeemer）——「死亡啊，是你的勝利在哪裡……」（《哥林多前書》十五：五十五）

——個人主義的自豪（superbia）。

這有助於理解大眾對於自殺未遂的反應。自殺未遂者不會得到家人、朋友或醫院的同情，反而要面對他人的憤怒與厭惡。我們在同理一個嘗試自殺者的苦難之前，會先加以責備；我們發現自己同時感到惱怒、生氣、譴責。我相信這種再尋常不過的反應彰顯著我們心靈共同擁有的不滅層次，可以稱之為我們的原型人性。我們的確是社會動物，但同時也擁有個別的命運。有某種東西堅持我們屬於一種更廣大的靈魂，而不只是屬於我們自己。

所以本篇後記要使自殺從個人主義中解脫。我要保留本書中瀰漫的神祕，但現在這神祕在更廣大的靈魂之中顯現出它的參與，而它所參與的宇宙比自己的生命更大，也許比生命本身還大。這種參與如此龐大，無法找到界限（赫拉克利特）[20]。因為「世界靈魂」的邊界是無法被界定的，我也許無法在邏輯上或道德上將我的自殺合理化為不受拘束而獨立自主的自性所感受到的召喚。靈魂與生命在根本上不是對立的，對立的是靈魂與個體性任意的自我毀滅。

傑克．凱沃基安[21]醫生協助病患自殺所引起的爭議，重新啟動了古老的議題：靈魂到底屬於誰？如果屬於我，那麼我當然有「權利」去密西根州找傑克．凱沃基安醫生協助自殺。如果靈魂屬於一種更廣大的脈絡——現在被世俗政府所奪取，並受到法律限制——那麼我的決定與他的協助就是非法的。傑克．凱沃基安代表了自主個體不受拘束的英勇立場；而政府則代表了教條與集體威權的壓制。

這種個體對抗集體的討論令人厭煩，無法解決這個議題。我們需要一個包含兩者的更大脈絡。所以，本篇後記提出「世界靈魂」做為這個脈絡，並將「自我」定義為群體的內在化。自殺，實際上就是「殺死自己」，現在一方面意味著在群體中殺人，一方面則表示群體參與了殺人。

世界必須見證個人的自殺

以下是我的論點與建議。

基本上，如果靈魂參與了世界之中的靈魂，那麼任何自殺都必須承認此情況，否則取走生命的決定不是真正的靈魂之舉，只是一種獨立之舉。「其他人」的「世界」必須被納入決定，這不是指要經過三思並實際諮詢他人，而是指儀式性的與象徵性的。我們需要召集某種代表一國之眾（the body politic）——亦即所謂的「集體」——的使者，傳達無形宇宙的訊息。整個世界必須見證。

這個角色曾經由拉比、牧師或教士來擔任，雖然因為任何教派的宗教都被信仰教條所限制，使這些人物無法真實代表「世界靈魂」，無法完全貼近命運的軌跡。世俗政府的法官也無法代表「其他人」，忠於醫學模式與維護生命的醫生們也不行。

我提議，「世界靈魂」可以象徵性地由某種含括司法、醫學、美感、宗教、哲學以及家庭與朋友的群體法庭來代表。這個法庭並非有權准許或禁止，或甚至協助或勸阻。這些「其他人」的任務是**儀式性**的，只是將自殺的理念呈現在公眾之前，讓自殺具有重要的意義，尊重其價值，感受其威力，因此死亡不會只屬於私人所有。然後，不管一個人是單獨自殺或根本沒有自殺，都不再那麼重要了。因為孤獨已經被儀式消解掉了。

如此對外在的身體致敬，並在儀式中與他人產生連繫，你會承認你的靈魂有一部分是在身體以及靈魂的生命之外，因為靈魂的生命在本質上就是共有的，而無形的真實也參與了你的死亡，如同它們參與了你整個生命。在動手結束生命之前，對自殺進行這樣的沉思，讓世界參與呈現世界終結的儀式的過程。這儀式赦免了個人主義的自豪，而不是赦免其「原罪」，因為自殺本身並無罪。這個儀式為行動帶來尊嚴，不再是偷偷的、可恥的、孤獨的準備，一種不正當而隱密的死亡；相反地，是一種開誠佈公的死亡。自殺終於出櫃了。

把自殺帶出司法之櫃，就是毒芹協會[22]與傑克．凱沃基安醫生想要做到的。但他們尚未把自殺從心理上的個人主義之櫃解放出來。自殺仍然是個人的鬥爭（agon）。

出櫃引出了新的問題。那不再是道德問題：自殺是對或錯；不再是醫學／法律問題：對哪種病患是正當的？怎麼做？由誰執行？這毋寧是更屬於心理的問題：為何西方文化強烈抗拒打開櫃子？為何當自殺「威脅」來臨時，會出現那種帶著指控的恐慌？——警方出動、拘禁、將協助者判罪、用藥物使人陷入昏沉狀態。顯然地，讓自殺脫離私人個體性的範圍，威脅到私人個體性的本質。把其他人帶進這種深刻的質疑，使得自殺擁有如羅馬時代的古老背景與日本的自殺儀式。某種其他東西也和我這個人一樣受到承認。我們也後退到佛洛伊德的形而上心理學，以及他為心理治療而重建的神話。佛洛伊德宣稱黑帝斯[23]跟祂的冥界是宇宙中的共通力量。他把靈魂無法避免地連接到塔納托斯[24]原則，朝向死亡的動力，死亡之驅力。

佛洛伊德沉浸在源於希臘的心理思維中。他的心理學堅稱死亡不是時間問題，而全然只是所有生命都會趨向的終點罷了。死亡是一種生命的內在動力。靈魂活著時就會尋求死亡。死亡永遠在進行中，所以我們活著就是一直在進行自殺。我們稱之為劇烈的改變、成長、更新，並感受著它伴隨的那些喪失與懊悔。靈魂含容兩者：持續追求著性慾滿足的春天，與永不結束悲傷與哀悼的冬天。自殺的這種共通性，在每個靈魂生命中的這個死神，意味著在法庭上的人不僅是見證者；他們也參與了鬥爭。他們為你的個人苦難帶來了同理，而不是審判。

個體不是僅由個人的個體性組成

最後，讓我們記住，個體性是一種由神話所維持的原型理念。這個理念在許多時代與地方都讓人執迷。例如中世紀哲學的困惑：要如何說明個體性質的原則，即事物之間的差別，因為每一個個體都有其獨特的重要本質（quiddity）。在亞洲，個體性似乎被視為一種根本的幻象，事實上，是疏離的心智最嚴重的妄想。而這個理念提升了人的概念，助長了注重每個人類個體之神性的西方基督教價值根源，影響了我們的倫理、政治系統，以及對私有財產的概念。

是的，這是一個原型理念；但是，當我們的感覺大多時候是「我自己」時，很難去理解這個。要接受最珍貴的私人獨特「經驗」完全是一種任何人在任何時間、地點都可體驗到集體現象，是多麼困難的一件事。個體特性的原型反映在個人化意識中，如果單純接受字面意義，就成為了個人主義的意識型態與一神論的神話。

如同我在本篇後記與整本書中所提議的，如果自殺是「殺死自己」，那就是把想要置自我於死地的欲望如實呈現，那麼它所尋求的是「自我」這個原型理念之死，這個「自我」原型理念將靈魂禁錮在孤獨之中，並讓自己相信了自己的個體性。這種相信自己獨特性的理念力量反映了一神論的神話——一個自我控制、自我中心、自我激勵與全能的單一（One）。如果是這樣，那麼這種想要除去自己的衝動，也許在被排除的其他人身上可找到原型源頭：其他神明、其他生物，他們對靈魂的呼喚。他們的報復也許顯現為我的自殺，目的在於釋放我的靈魂到更廣大、更豐富的宇宙來參與他們。再重複一次重點：個體不是僅由個人的個體性組成。某種在「我自己」之外的東西也棲息在靈魂中，參與靈魂的生命，也參與靈魂死亡的決定。

「我」的基本特性是來自於我的代蒙（daimon，在我的另一本書《靈魂密碼：活出個人天賦，實現生命藍圖》中有所詳述），我陪伴著它，它選擇棲息在我的生命中。如亨利．科本[25]所寫的，我們關心的應該是**它的**個體化過程（individuation），我們的生命是為了完成它的召喚。因此自殺的問題要向你的代蒙尋找答案，問它為何要騷擾你，讓你想要離開這個世界，進入似乎是它想要去的世界。是它想要離開，去別的地方？或是你想要？只有它才知道，所以它可以提出你或許無法想像的回答。在絕望困惑時去問它，也許會展開一場對話，類似人類文化至今珍藏的首次自殺紀錄——埃及新王國時期紙草文件，被翻譯為《憂世之人與其靈魂的對話》（*Dialogue of a World-Weary Man with his Ba-Soul*）[26]。

原型理念可能會攫住我們。這種情況我們都知之甚詳，像是：陷入愛情、相信成長、達到頂峰的勝利、充滿恐懼與猶疑，或迷失在厄運的泥沼中。在這些靈魂的狀態中，我們的意識被一種支配性的理念所奴役，要向控制我們的原型提出可信的見證。所以，我們也可能成為個體性的受害者。但是，要除去這個理念，我們不需要除去自己。與其看著它結束我們自己，我們可以詳加瞭解它的去向。自殺幻想便如實呈現了回歸（epistrophé）的企圖。要讓靈魂自由，我們不需要真的離開世界就能離開它的世界性，因為世界也可能成為一種原型執迷。我們需要的僅是看穿世界的外在，看進世界的靈魂，每一個代蒙都與之緊緊相繫，我們與世界互相參與。因為，我們若不還給世界靈魂一些它所給予我們的東西，它難道不會因為被忽略而萎縮？若世界變得更無靈魂，我們的自殺衝動是否因而更強烈？

於康乃迪克州，一九九七

註釋 NOTES

1 濟慈（John Keats, 1795–1821）生於十八世紀末年的倫敦，傑出的英詩作家之一，也是浪漫派的主要成員。

2 湯瑪斯．摩爾（Thomas Moore）為知名心理治療師兼作家、大學教授，以榮格和原型心理學、古代神話和西方文藝傳統為主題從事演講和寫作，在歐美頗負盛名。其重要著作《傾聽靈魂的聲音》二十五週年紀念版於二〇一六年由心靈工坊出版。

3 許癸厄亞（Hygeia），希臘神話中的健康女神，醫神阿斯克勒庇俄斯的女兒。

4 凱龍（Chiron），希臘神話中一位半人馬，以和善及智慧著稱。他是多位希臘英雄的導師，當中包括珀耳修斯、忒修斯、阿基里斯、伊阿宋和海克力士。他也是醫藥之神阿斯克勒庇俄斯的老師。

5 馬卡翁（Machaon），醫神阿斯克勒庇俄斯的兒子，特洛伊戰爭中為希臘軍的醫生。被視為第一個外科醫師。

6 普達里歐士（Podaleiros），馬卡翁的兄弟，能醫治看不見的疾病，包括靈魂的疾病、心靈的創傷。

7 帕那刻亞（Panakeia），希臘神話中代表完全治療的女神，也是醫藥神阿斯克勒庇俄斯的女兒。

8 阿耳忒彌斯（Artemis），希臘神話中的月亮女神與狩獵的象徵，奧林匹斯山上十二主神之一。是太陽神阿波羅的孿生姊姊，和阿波羅一樣能讓凡人暴死或得瘟疫，但也有能醫治他們的回春妙手。

9 佩昂（Paieon），希臘諸神的醫生，醫治過戰神阿瑞斯（Ares）、黑帝斯（Hades）。後來此名成為阿波羅及阿斯克勒庇俄斯的別名。

10 墨丘利（Mercurius），羅馬神話中為眾神傳遞信息的使者，相當於希臘神話的荷米斯（Hermes）。是醫藥、旅行者、商人和小偷的保護神，西方藥店經常用他的纏繞兩條蛇的手杖做為標誌。

11 海克力士（Hercules），羅馬神話中半神英雄，相當於希臘神話的赫拉克勒斯，是男性的傑出典範，在他的性格屬性中還同時具有男性和女性特徵。

12 齊克果（Kierkegaard, 1813–1855），丹麥神學家、哲學家及作家，一般被視為存在主義之父。他認為真理不能透過客觀性而獲得，只能透過主觀性呈現，所以他反對傳統哲學將真理當成客觀知識那樣地追求。

13 海德格認為人的出生就是被「丟棄在世界上」，被狹隘的社會環境、僵化的觀念看法、傳統的偏見歧視和物質的利益需求所束縛，而這一切並非出自人的本願。

14 卡利古拉（Caligula, 12–41），羅馬帝國第三任皇帝，典型的暴君。

15 阿提拉（Attila, 406–453），古代歐亞大陸匈人（hun）最為人熟知的領袖和皇帝，史學家稱之為「上帝之鞭」。

16 科提茲（Cortez, 1485–1547），西班牙探險家，一五二一年征服阿茲特克帝國，並建立起西班牙殖民統治。

17 桑德沃吉斯（Michael Sendivogius, 1566–1636），波蘭煉金術士、哲學家兼醫師，化學先驅，發展出許多純化以及製造各種酸、金屬和其他化學合成物的方法，他發現空氣不是單一成分，並含有生命所需的物質及後來所稱的氧，一百七十年之後席勒（Carl Wilhelm Scheele）與卜利士力（Joseph Priestley）才以科學方法發現氧氣。他正確指出這種「生命食物」以及氧可以經由加熱硝石而得到。

18 帕拉塞爾蘇斯（Paracelsus, 1493–1541），中世紀瑞士醫生、煉金師、占星師。他確立了物質的三元素理論，認為人類是由靈魂（硫磺）、精神（水銀）、肉體（鹽）三元素構成。

19 社會學中的原子論係指從組成全體中的各個部份來建立論述，以達到對整體的了解。

20 赫拉克利特（Heraclitus, 540–480BC），古希臘哲學家，他借用畢達哥拉斯「和諧」的概念，認為在對立與衝突的背後有某種程度的和諧，而協調本身並不是引人注目的。他認為衝突使世界充滿生氣。

21 傑克・凱沃基安（Jacob Kevorkian, 1928–2011），公開提倡由醫生協助自殺，使晚期病患的「死的權利」得以保全；他的著名演說詞為：「死亡不是犯罪。」自稱至少協助過一百三十位病患安樂死，後因此而被判二級謀殺罪，被處以十到二十五年徒刑，自一九九九年入獄服刑八年，於二〇〇七年以不再為他人提供自殺協助的條件而獲假釋出獄。電影《雨人》的導演巴瑞・李文遜（Barry Levinson）將他的事蹟拍成《死亡醫生》（*You Don't Know Jack*, 2010, HBO），由艾爾帕西諾飾演傑克・凱沃基安。

22 毒芹協會（Hemlock Society），全球歷史最悠久的、倡導安樂死的團體之一，一九八〇年於美國聖塔莫妮卡（Santa Monica）成立，除提供瀕死的人們有關安樂死的資訊之外，也倡議例法允許醫生協助安樂死。二〇〇四年該會與其他團體合併，改名為「憐憫與選擇」（Compassion & Choices）

23 黑帝斯（Hades），希臘神話中統治冥界的神。

24 塔納托斯（Thanatos），希臘神話中的死神。

25 亨利・科本（Henry Corbin, 1903–1978），法國哲學家、神學家、伊斯蘭研究專家，接觸十二世紀波斯神祕學家暨哲學家Suhrawardi的著作，受到重大影響。徹底改變了伊斯蘭哲學的研究方向。

26 根據最新資料，這分紙草文獻可溯至古埃及中王國時期，約在西元前二〇六〇至西元前二〇一〇年，以對話的形式呈現。開頭的部份已經佚失，且內文有許多空闕之處。

附錄一

延伸閱讀

- 《傾聽靈魂的聲音》（2016），湯瑪斯．摩爾（Thomas Moore），心靈工坊。
- 《英雄：大屠殺、自殺與現代人精神困境》（2016），法蘭克．貝拉迪（Franco Bifo Berardi），時報。
- 《權力視角下之自殺、加工自殺罪與安樂死》（2016），陳和君，元照。
- 《靈魂密碼：活出個人天賦，實現生命藍圖》（2015），詹姆斯．希爾曼（James Hillman），心靈工坊。
- 《靈性之旅：追尋失落的靈魂》（2015），莫瑞．史丹（Murray Stein），心靈工坊。
- 《一日浮生：十個探問生命意義的故事》（2015），歐文．亞隆（Irvin D. Yalom），心靈工坊。
- 《神話的力量》（2015），喬瑟夫．坎伯（Joseph Campbell），立緒。
- 《作為中介的敘事：保羅．利科敘事理論研究》（2013），劉惠明，世界圖書。

- 《人及其象徵：榮格思想精華》（2013），卡爾・榮格（Carl G. Jung）主編，立緒。
- 《自殺論》（2013），涂爾幹（Émile Durkheim），五南。
- 《轉化之旅：自性的追尋》（2012），莫瑞・史丹（Murray Stein），心靈工坊。
- 《榮格人格類型》（2012），達瑞爾・夏普（Daryl Sharp），心靈工坊。
- 《榮格心理治療》（2011），瑪麗—路薏絲・馮・法蘭茲（Marie-Louise von Franz），心靈工坊。
- 《榮格心靈地圖》（2009），莫瑞・史丹（Murray Stein），立緒。
- 《凝視太陽：面對死亡恐懼》（2009），歐文・亞隆（Irvin D. Yalom），心靈工坊。
- 《我是自殺者遺族》（2008），呂欣芹、方俊凱，文經社。
- 《人的形象和神的形象》（2007），卡爾・榮格（C.G.Jung），基礎文化。
- 《榮格學派的歷史》（2007），湯瑪士・克許（Thomas B. Kirsch），心靈工坊。
- 《生死學十四講》（2003），余德慧、石佳儀，心靈工坊。
- 《不要叫我瘋子：還給精神障礙患者人權》（2003），派屈克・柯瑞根（Patrick Corrigan）、羅伯特・朗丁（Robert Lundin），心靈工坊。
- 《空間詩學》（2003），加斯東・巴謝拉（Gaston Bachelard），張老師文化。
- 《諾斯替宗教：異鄉神的信息與基督教的開端》（2003），約納斯（Hans Jonas），道風書社。
- 《詮釋現象心理學》（2001），余德慧，心靈工坊。
- 《千禧之兆：天使・夢境・復活・靈知》（2000），哈洛・卜倫（Harold Bloom），立緒。
- 《內在英雄：六種生活的原型》（2000），卡蘿・皮爾森（Carol S. Pearson），立緒。
- 《靈魂筆記》（1998），（Phil Cousineau）編，立緒。

附錄二　參考書目

PART I

Achille-Delmas, F. *Psychologie pathologique du suicide*. Paris, 1932.

Alexander, I. E., and Adlestein, A. M. 'The psychology of death: three recent studies'. *Internat. J. Parapsy.*, III, 2, 1961.

Augustine. *The City of God*, I, 19.

Bartel, R. 'Suicide in eighteenth-century England: the myth of a reputation'. *Huntington Library Quarterly*, XXIII, 2, 1960.

Benz, E. 'Das Todesproblem in der stoischen Philosophie'. *Tübinger Beiträge zur Altertumswissenschaft*. Stuttgart, 1929.

Bettelheim, B. *The Informed Heart*. Glencoe, Ill., 1960.

Blackstone, W. 'Public wrongs'. *Commentaries on the Laws of England*, IV. 15th ed. London, 1809.

Bridgman, P. W. *The Intelligent Individual and Society*. New York, 1938.

Brown, N. O. *Life Against Death*. New York, 1959.

Camus, A. *The Myth of Sisyphus*. London, 1955.

Crocker, L. G. 'Discussion of suicide in the eighteenth century'. *J. Hist. Ideas*, XIII, 1, 1952.

Curtis, H. J. 'Biological mechanisms underlying the aging process'. *Science*, 141, 3582, 1963.

Des Étangs, A. *Du suicide politique en France depuis 1789 jusqu'a nos jours*. Paris, 1860.

Durkheim, E. *Suicide*. London, 1952.

Eissler, K. R. *The Psychiatrist and The Dying Patient*. New York, 1955.

Epidemiological and Vital Statistics Report, 14, 5. World Health Organization. Geneva, 1961.

Farberow, N. L., and Shneidman, E. S. (eds.). *The Cry For Help*. New York, 1961.

Fedden, R. *Suicide*. London, 1938.

Federn, Meng, Sadger, Lorand, *et al*. 'Selbstmord'. *Zschft. f. psychoanal. Pädagogik*, III, 11/12/13, 1929.

Feifel, H. (ed.). *The Meaning of Death*. New York, 1959.

Frederiksen, Sv. 'The soul and healing in Eskimo Shamanism'. (Lectures given at the C. G. Jung Institute, Zurich, 1963.)

Freud, S. *Beyond the Pleasure Principle*. London, 1950.

—— 'Thoughts for the times on war and death'. *Collected Papers*, IV. London, 1949.

Gordon, R. 'The death instinct and its relation to the Self'. *J. Analyt. Psychol.*, 6, 1961.
Heidegger, M. *Sein und Zeit*, I. Halle, 1927.
Herzog, E. *Psyche und Tod*. Zurich, 1960.
Heywood and Massey. *Court of Protection Practice*. London, 1961.
Hume, D. 'On suicide'. *The Philosophical Works of David Hume*, IV. Boston and Edinburgh, 1854.
Jackson, D. D. 'Suicide'. *Scientif. Amer.*, November 1954.
Jacobsohn, H. 'Das Gespräch eines Lebensmuden mit seinem Ba'. *Zeitlose Dokumente der Seele*. Zurich, 1952.
Jankélévitch, V. 'La pensée de la mort et la mort de l'être pensant'. *Filosofia della Alienazione e Analisi Esistenziale*, ed. E. Castelli. Padova, 1961.
Jung, C. G. 'Concerning rebirth'. *The Archetypes and the Collective Unconscious* (*Collected Works* 9, 1). London and New York, 1959.
—— 'The soul and death'. *The Structure and Dynamics of the Psyche* (*Collected Works* 8). London and New York, 1960.
—— 'The psychology of the unconscious'. *Two Essays on Analytical Psychology* (*Collected Works* 7). London and New York, 1953.
Klopfer, B. 'Suicide: the Jungian point of view'. *The Cry for Help*, ed. Farberow and Shneidman, *q.v.*
Lawrence, D. H. *The Complete Poems*. London, 1957.
Le Moal, P. *Suicide, chantage du suicide, chez l'enfant et l'adolescent*. Paris, 1944.
Leopold, A. C. 'Senescence in plant development'. *Science*, 134, 1727, 1961.
Meerloo, J. A. M. *Suicide and Mass Suicide*. New York, 1962.
Menninger, K. *Man Against Himself*. New York, 1938.
Morgenthaler, W. 'Letzte Aufzeichnungen von Selbstmördern'. *Beiheft z. Schweiz. Zschft. f. Psychol. u. i. Anwend.*, 1. Bern, 1945.
Natanson, M. 'Death and situation'. *Amer. Imago*, 16, 4, 1959.
Osis, K. 'Deathbed observations by physicians and nurses'. *Parapsy. Monographs*, 3. New York, 1961.
Osler, W. 'To the editor of the *Spectator*'. Oxford, 4 November 1911. See Feifel, p. 248.
Plato. *Phaedo*.
Plessner, H. 'On the relation of time to death'. *Man and Time: Papers from the Eranos Yearbooks*, 3. London and New York, 1958.
Ringel, E. *Der Selbstmord*. Wien and Dusseldorf, 1953.
—— *Neue Untersuchungen zum Selbstmordproblem*. Wien, 1961.
Sartre, J.-P. *L' Être et le néant*. Paris, 1943.

Shneidman, E. S. 'Orientations towards death'. *The Study of Lives*, ed. R. W. White. New York, 1963.

——, and Farberow, N. L. 'Suicide and death'. In Feifel, *q.v.*

Spinoza. *Ethica*, IV.

Sprott, S. E. *The English Debate on Suicide from Donne to Hume*. La Salle, Ill., 1961.

de Stael (Baroness of Holstein). *Reflections on Suicide*. London, 1813.

Stengel, E., Cook, N., and Kreeger, I. S. *Attempted Suicide*. London, 1958.

Sym, J. *Life's Preservative against Selfkilling or an Useful treatise concerning Life and Self-murder* . . . London, 1637.

Turner, J. W. C. *Kenny's Outlines of Criminal Law*. Cambridge, 1952.

——, ed. *Russell on Crime*. London, 1958.

Webb, W. B. 'An overview of sleep as an experimental variable (1940–1959)'. *Science*, 134, 1421–23, 1961.

Wesley, J. 'Thoughts on suicide'. *Works*, XV. London, 1812.

Williams, M. 'The fear of death'. *J. Analyt. Psychol.*, (Part I) 3, 1958; (Part II) 7, 1962.

Willoughby, C. A., and Chamberlain, J. *MacArthur 1941–1951—Victory in the Pacific*. London, 1958.

PART II

Burnet, Macfarlane. *Natural History of Infectious Disease*. 3rd ed. Cambridge, 1962.
Christou, E. *The Logos of the Soul*. (Dunquin Press, Blackwells, Oxford), Vienna/Zurich, 1963.
Clark-Kennedy, A. E. *Human Disease*. London, 1957.
Dubos, R. *Mirage of Health*. London, 1960.
Ekstein, R., and Wallerstein, R. S. *The Teaching and Learning of Psychotherapy*. New York, 1958.
Eliot, T. S. *Four Quartets*. London, 1944.
Entralgo, P. Lain. 'Menschliche Gesundheit und menschliche Vollkommenheit'. *Antaios*, IV, 5, 1963.
—— *Mind and Body*. London, 1955.
Freud, S. 'Papers on technique'. *Collected Papers*, II. London, 1953.
—— *The Question of Lay Analysis*. London (Imago), 1947.
Freud, Sachs, Jones, Horney, Nunberg, Reich, Alexander, *et al*. 'Diskussion der "Laienanalyse"'. *Internat. Ztschrft. f. Psychoanal.*, XIII, 1, 2, 3, 1927.
Hillman, J. *Emotion: A Comprehensive Phenomenology of Theories and Their Meanings for Therapy*. London, 1960.
—— 'Training and the C. G. Jung Institute, Zurich'. *J. Analyt. Psychol.*, 7, 1962.
Jones, E. *Sigmund Freud: Life and Work*, III. London, 1957.
Jung, C. G. *The Practice of Psychotherapy* (*Collected Works*, 16). London and New York, 1954.
—— *Psychology and Alchemy*. (*Collected Works*, 12). New York and London, 1953.
——, with A. Jaffé. *Memories, Dreams, Reflections*. New York and London, 1963.
Kerenyi, K. *Der Göttliche Arzt*. Darmstadt (Gentner), 1956.
Lewin, B. D., and Ross, H. *Psychoanalytic Education in the United States*. New York, 1960.
Martí-Ibáñez, F. *Centaur: Essays on the History of Medical Ideas*. New York, 1958.
Mayer, C. F. 'Metaphysical trends in modern pathology'. *Bull. Hist. Med.* 1952.
Meier, C. A. *Antike Inkubation und Moderne Psychotherapie*. Zurich, 1949.

Meier, C.A. 'Gedanken uber ärtzliche und nichtärtzliche Psychotherapie'. *Rev. Suisse de Psychol.*, 4, 1946.
Meillet, A. *Dictionnaire Etymologique de la Langue Latine*. Paris, 1951.
Menninger, K. *Love Against Hate*. New York, 1942.
Olmsted, J. M. D., and Olmsted, E. H. *Claude Bernard and the Experimental Method in Medicine*. New York, 1952 (1961).
Panofsky, D. and E. *Pandora's Box*. Bollingen Series. New York, 1956.
Prince, G. S. 'Medical psychology?'. *Brit J. Med. Psychol.*, *36*, 299, 1963.
Robbins, S. L. *Textbook of Pathology*. Philadelphia, 1957.
Roblin, M. 'Le nom du médicin dans les langues d'Europe et les origines de la médicine'. *Médicine de France*, 122, 1961.
Sarasin, P. 'Zur Frage der Laienanalyse'. *Schweiz. Zschft. f. Psychol. u. i. Anwend.*, XV, 1, 1956.
Severinghaus, A. E., *et al. Preparation for Medical Education in the Liberal Arts Colleges*. New York and London, 1953.
Simon, H. J. *Attenuated Infection*. Philadelphia, 1960.
Skeat, W. W. *Etymological Dictionary of the English Language*. 4th ed. 1910.
Walde, A. *Vergleichendes Wörterbuch der Indogermanischen Sprachen*. Berlin and Leipzig, 1930.
Wartman, W. B. *Medical Teaching in Western Civilization*. Chicago, 1961.
Zimmer, H. *The King and the Corpse*. Bollingen Series. New York, 1948.
—— *Myths and Symbols in Indian Art and Civilization*. Bollingen Series. New York, 1946.

心靈工坊 PsyGarden
Holistic 110

自殺與靈魂：超越死亡禁忌，促動心靈轉化

Suicide and the Soul

作者—詹姆斯．希爾曼（James Hillman）
譯者—魯宓

出版者—心靈工坊文化事業股份有限公司
發行人—王浩威　總編輯—徐嘉俊
責任編輯—趙士尊　特約編輯—鄭秀娟　內文排版—李宜芝
通訊地址—10684台北市大安區信義路四段53巷8號2樓
郵政劃撥—19546215　戶名—心靈工坊文化事業股份有限公司
電話—02）2702-9186　傳真—02）2702-9286
Email—service@psygarden.com.tw　網址—www.psygarden.com.tw

製版．印刷—彩峰造藝印像股份有限公司
總經銷—大和書報圖書股份有限公司
電話—02）8990-2588　傳真—02）2290-1658
通訊地址—248新北市新莊區五工五路二號
初版一刷—2016年12月　初版三刷—2021年10月
ISBN—978-986-357-072-1　定價— 380 元

國家圖書館出版品預行編目資料

自殺與靈魂：超越死亡禁忌，促動心靈轉化/ 詹姆斯.希爾曼(James Hillman)著；魯宓譯. -- 初版. -- 臺北市：心靈工坊文化, 2016.09　面；　公分

譯自：Suicide and the soul

ISBN 978-986-357-072-1(平裝)

1.自殺　2.死亡　3.精神分析

548.85　105016744

心靈工坊 PsyGarden 書香家族 讀友卡

感謝您購買心靈工坊的叢書，爲了加強對您的服務，請您詳填本卡，
直接投入郵筒（免貼郵票）或傳眞，我們會珍視您的意見，
並提供您最新的活動訊息，共同以書會友，追求身心靈的創意與成長。

書系編號－HO110　　書名－自殺與靈魂：超越死亡禁忌，促動心靈轉化

姓名　　是否已加入書香家族？□是 □現在加入

電話（公司）　　（住家）　　手機

E-mail　　生日　　年　　月　　日

地址 □□□

服務機構／就讀學校　　職稱

您的性別—□1.女 □2.男 □3.其他

婚姻狀況—□1.未婚 □2.已婚 □3.離婚 □4.不婚 □5.同志 □6.喪偶 □7.分居

請問您如何得知這本書？

□1.書店 □2.報章雜誌 □3.廣播電視 □4.親友推介 □5.心靈工坊書訊
□6.廣告DM □7.心靈工坊網站 □8.其他網路媒體 □9.其他

您購買本書的方式？

□1.書店 □2.劃撥郵購 □3.團體訂購 □4.網路訂購 □5.其他

您對本書的意見？

封面設計	□ 1.須再改進	□ 2.尚可	□ 3.滿意	□ 4.非常滿意
版面編排	□ 1.須再改進	□ 2.尚可	□ 3.滿意	□ 4.非常滿意
內容	□ 1.須再改進	□ 2.尚可	□ 3.滿意	□ 4.非常滿意
文筆／翻譯	□ 1.須再改進	□ 2.尚可	□ 3.滿意	□ 4.非常滿意
價格	□ 1.須再改進	□ 2.尚可	□ 3.滿意	□ 4.非常滿意

您對我們有何建議？

□ 本人＿＿＿＿＿＿＿＿（請簽名）同意提供真實姓名/E-mail/地址/電話/年齡/等資料，以作為心靈工坊聯絡/寄貨/加入會員/行銷/會員折扣/等用途，詳細內容請參閱：http://shop.psygarden.com.tw/member_register.asp。

心靈工坊 PsyGarden

台北市106 信義路四段53巷8號2樓
讀者服務組 收

免貼郵票

（對折線）

加入心靈工坊書香家族會員
共享知識的盛宴，成長的喜悅

請寄回這張回函卡（免貼郵票），
您就成爲心靈工坊的書香家族會員，您將可以——

⊙隨時收到新書出版和活動訊息

⊙獲得各項回饋和優惠方案